我和世界
爱着你

某顺 著

北京联合出版公司
Beijing United Publishing Co.,Ltd.

序

人活世上，最难搞清楚的，大概莫过于男女情事。所以，有人说男人女人来自不同的星球；所以，这年头儿才会有那么多男男女女的情感问题专家。

老实讲，情感问题专家这一行，入行的门槛不高，只要有点儿经验，都可以给人指南，毕竟人陷在情感问题中的时候，智商会比较低。问题是，这一行的台阶在门里头，你跨过了门槛，才会发现门里的台阶"道阻且长"。为什么这一行里有人成功，有人总也红不起来，盖因登上的台阶有差异。眼下受欢迎的顶尖人物，颇有那么几位，某顺是一个。

为情所困、为婚姻所扰的人，无疑需要明白人的帮助。但需要因人而异——有人需要鸡汤，空来空去，慰藉心灵；有人需要实战技巧，接地气，且速效。相较而言，做所谓的明白人，前者易而后者难；前者只需要讲明白原则性的道理即可，后者则需要有丰富的生活经验以及举一反三、随机应变的能力，毕竟实战技巧不立马见效人们是不买账的。某顺属于后者。

网络时代，特别是现下这个移动互联的时代，人们的情感问题似乎比以往任何时候都来得多且复杂，而午夜的收音机也变得越来越水，无法满足人们的需求。好在这一行的市场足够大，像太平洋一样可以容纳下所有的专家以及伪专家。当知心大姐或大叔成为一个行当，天下从此就没有了白吃的午餐。于是，当人们把目光投向书籍、投向互联网的时候，发现指南都值钱了。这其实是一件好事，毕竟任何一种指南都建立在投入的基础上，花钱买服务，已经是市场经济条件下天经地义的事情。依我看，目前这一行还是买方市场，所以，无论专家还是伪专家，如果没有真材实料，就会很快被淘汰。老话说，谁笑到最后，谁笑得最好。

我认识某顺快十五年了，从电台到博客，从空对空的网络到面对面的讲座，十五年里她致力于指南，未曾片刻离开，而且以此为生，拥趸颇众。其中的甘苦虽然不足为外人道，但她的成功却是很多人都看得见的。

情感指南，做的是与人打交道的事情。对于专家们而言，每一个个案都不仅仅是个案，也是摸索、总结规律性的原材料。虽然说人上一百、形形色色，但归到情感、婚姻、家庭这些问题上，还是太阳底下无新事。在甲身上发生的事情，极有可能在乙、丙、丁身上已经发生过。但这一行的复杂性在于，对乙、丙、丁好用的药，却未必对甲有效。所以，能够对症下药，而不是以放之四海而皆准的鸡汤应付差事，实际上是衡量这一行职业道德的标准。某顺的指南，直接而且锋利，有人会觉得痛，有人会觉得不舒服，但良药苦口利于病，一碗不痛不痒的寡淡鸡汤虽然喝着很舒服，然而并没有什么卵用。

摆在面前的这本书，是时隔多年之后某顺再出的新书。与她以往的书不同，这本书更倾向于直接说理，更像是一本实战手册。我的读后感是，这比鸡汤有用得多，因为它不仅来自生活、反哺生活，而且一如既往地延续着某顺的风格，直接、锋利、有效。我一直认为，能把事情看明白且同时能把它说清楚是一件不容易的事情，而某顺做到了。鱼目混珠的时代，在众多的鱼目中寻一颗珍珠并不容易，读者诸君可以试试看。

是为序。

林海东

目　录

CHAPTER 1 ｜ 痴男怨女诊断书

CHAPTER 2 │ 相爱容易相处难

CHAPTER 3 │ 可以婚不可以昏

CHAPTER 4 ｜ 也就这点窗户纸

CHAPTER 1

痴男怨女诊断书

不要妄想两全其美，
因为在爱自己和爱别人的问题上，
很难做到两全其美。

自杀式爱情袭击

有个出身名门的姑娘，从小很美丽也很受宠，长大后进入社交圈的她第一次陷入爱河，就遭遇了一个外表帅气嘴巴甜腻的花心大萝卜，那男人追她很用力，她决心排除万难地跟定他。可惜家庭阻力没有男人的本能厉害，花心大萝卜在得到她后就转移阵地了，心走了人也走了，当兵去了万水千山之外。这妞很专一很大胆，偷偷离家出走，抛弃父母也抛弃了事业，一心一意去寻找和追随她深爱的男人。

为了他，她流落他乡、吃尽苦头、流尽眼泪。为了他，她一次次骗家里的钱、一次次威逼利诱、一次次梦中哭醒，甚至于给他招妓、偷窥他的一举一动、发布和他结婚的假消息、自称他老婆 N 年，还曾想雇催眠师使男人在混沌中就范……她的每一个行动都与他有关，她的每一毛钱都花在他身上，她跟着他从一个地方去了另一个地方并准备就这么跟他一辈子，直至她的健康和精神都崩溃时她还是不肯回家。孟姜女寻夫有多潦倒她就有多潦倒，可她比孟姜女还惨的是，万喜良爱老婆，而这男人恨死她，最后她也没得到想要的人，痴情总被无情误。在她沦为乞丐并精神错乱后，被好心人收留并护送回家乡，病愈后的她独自终老，再没接近过男人。

这个姑娘叫阿戴尔，是法国文豪及政治活动家雨果的女儿。因她一直写"为爱流亡"的日记，后人才有机会瞻仰一个这么伟大的爱情疯子。阿戴尔的爱情观很执拗，她对旧情人的念念不忘和以卵击石的追求方式，用"走火入魔"来形容也不为过。某顺以为，阿戴尔及与阿戴尔相似的痴情绝顶的女人们，是用自杀式的爱情袭击，来实现她们头脑里顽强不可屈服的占有欲。但凡有这种倾向的女人，都一贯表现为偏执狂：爹妈越不让做的事，她越要做；别人越说不好的男人，她越要爱；男人越不待见她，她越有拿下人家的决心。而且，这种女人在情感上从来不设止损点，更没有底线概念，她想咋样就咋样，还口口声声说她这是为了维护爱情的纯洁性唯一性、她绝不向没爱的人生妥协。

能爱到让路人侧目、爹娘伤心、男人害怕、自己也几近于疯狂的地步，实在让人想不通。按说叫多巴胺的那种物质只能确保爱情存活 18 ～ 30 个月，之后就不是爱情而是习惯了，可阿戴尔们的爱情为什么能持续那么久呢？是得不到的距离感强化了爱情的生命力，还是不达目的不罢休的霸占心理太膨胀？我看更像后者。偏执型的痴情之所以难以扭转，往往是因为痴情者特欣赏自己的痴情，乐意在自我折磨中痛并快乐着，自虐嗜好严重。人总爱犯贱，总认为爱情应该是一种苦行，需要受难、需要波折、需要挑战；轻易就得到的爱情，往往不被珍惜，他 / 她会下意识地想：我的爱就这么寡淡寻常啊？咋这么没劲呢？可劲爆的爱情，又不是每个人都能遇到的，毕竟，和平时期、开放年代很难再出现修长城、哭长城那样的丰功伟绩，有些人就开始琢磨人为制造艰难感了：谁越不像我的爱人，我就和谁在一起，我的爱情才与众不同、才值得我死生相许……

　　某顺见到过不少这种硬玩浪漫的俗气女子。说她们"硬玩浪漫"，是因为她们根本不懂最浪漫的爱乃是什么波折都没有的顺风顺水的经历，两个人不大呼小叫也不生离死别的相伴到老。说到这儿，某顺突然恨起琼瑶了，这个女人自己不着调，还爱写不着调的故事，害一代女人都不着调，上个世纪 60、70 年代生的痴绝女人，多是被她的花言巧语所蛊惑，什么山无棱 / 水无痕 / 才敢与君绝，简直是意淫爱情和扯淡人生的极端表现。琼瑶之后又有安妮宝贝之类的煽情小说家们，她们更善于编故事了，而那些故事又极具煽动性，女人们不看还好，看了准保变成脑残、去幻想和追求另类不切实际的感情。唉，如何叫女人们都醒着，远离自杀式爱情袭击，这成了某顺的心病。

　　女人的感觉，往往会害女人做傻事，像阿戴尔这种疯狂的追爱行为，说好听点是痴情，说难听点就是犯花痴了，病，精神病。精神病人欣赏的东西尽管为正常人所不屑，她自己却视若珍宝。而且精神病动不动就说，我离开他就活不成了——事实是你离开他才有

叫多巴胺的那种物质只能确保爱情存活 18~30 个月。

机会活得更好：一个现在都不能带给你快乐的男人，你怎么敢信他将来能给你幸福？傻婆娘们还经常发痴，说不信他还能找着像我一样爱他的女人——事实是他找哪个女人也能享受到爱，而你只不过是他不肯接受的那个爱罢了。不肯接受现实，是花痴们的根本问题。

亚熟男即狡诈男

　　当下不乏亚熟男，有些男人甚至是明明熟了也要假装不熟，盖因亚熟状态可以随心所欲，还可以赢得有母仪爱好的女人的支持和厚爱。如果一个男人是公认的熟男，那他就得具备熟男所拥有的一切品质，包括负责、诚信、坚定、厚道、可靠等。属于男人的所有美好词汇，都应在熟男身上体现，否则女人会骂这个男人是败类、流氓，是靠不住的渣男。而作为亚熟男的好处在于，能够推卸责任、推卸义务，推卸本应为女人所做的一切，只用发挥自家的任性和随意就可："因为我还没长大嘛，因此你不能要求我太多嘛。"这是很多渣男的逻辑，此逻辑漏洞百出，哄女人却百试不爽。**女人的确是世上最能忍也最好骗的物种，如果这个男人没出息，女人就允许他更没品格；如果这个男人没诚信，女人就允许他胡作非为。**因而亚熟男有了市场，总有女人肯包容他。当长不大也成了做男人的优势之时，女人从此冤情深重，这边让着他，那边恨着他，矛盾得很。

但男人的亚熟状态不管是真是假，都是相对存在的，而不可能一辈子都亚熟。男人很自恋、很自爱，如果没女人疼他，他自己疼自己；如果有女人疼他，他就逼女人疼他疼到忘我。女人如若做不到，他怪女人自私自负；女人若真做到了，他还要怪女人没有自我，太依附于他。很多老男人即便经历过 N 个女人的洗礼，仍然在下一个女人面前像婴孩一样脆弱，把对母爱的追忆全押在眼前这个女人身上。**又要女人胸怀博大，又要女人性感出位，既能给他精神安抚，还能给他肉体享乐，如此尤物在亚熟男那里才值得追求和拥有。**而这样全天候的大气女人，一般又看不上亚熟男，怎么办呢？亚熟男立刻很识相地成熟了，或熟男迅速地放弃了继续伪装亚熟，他以博学、沉稳、忠实、内敛勾引心仪的女子，一旦得手，挖掘出对方无穷尽的母爱了，他又翻转身形、积极变脸、重回亚熟态了。他撒娇，他任性，他无聊，他矫情，他可着劲儿地折腾女人，然后还正经八百地表示：怎么办？我就是这样一个人，你要就忍着。

才提上裤子没几分钟的女人彻底傻了眼：为什么一觉之后熟男成了亚熟男？为什么进来的是老爷们儿，出来的是咱的儿？——其实，要想眼前的熟男永远不退化，只有一个办法：在他表现得亚熟之前，女人先搬出杀手锏：装亚熟女，甚至装无知女都可，就是别装熟女、懂事女。男人一般碰到天真烂漫女，他就得被迫长大了，直到任由女人依附、剥削。

男人的亚熟状态不管是真是假，都是相对存在的，而不可能一辈子都亚熟。

你为什么会剩下

常有单身人士问："为什么我的那一半还不来？"如果这位单身是个女的，而且是一个接近 30 岁的女的，她最常问的是："我会不会剩下？"每次某顺都好心地安抚她：有几个女人剩下了啊？所以你也剩不下，你只不过是还没碰到你的真命天子嘛，耐心点，他就要来啦，别急啊！

不知道这样的哄术是否奏效，但这么哄显然是必须的、必要的、必然的、必定的，因为客观现实也不过如此，择偶的确需要等，需要耐心。只是咨询者往往不买账，她们更想知道，除了缘分没到之外，她们"剩下"的原因还有哪些。纵观成千上万的咨询者，某顺很容易发现剩女的一般性特征，这些特征足以说明你是如何"剩下"的——

1．挑拣过头。虽说选择终身配偶要慎重，可慎重得有条件，条件也不能太花样繁多。假如记不住你最需要的是婚姻，你就可能对因缘而来的男人横挑鼻子竖挑眼，结果导致错过机会，你就难嫁或干脆嫁不掉了。

2．三心二意。今天看重男人的这个条件，明天看重男人的那个条件，仿佛自己是七仙女，很有条件左顾右盼一样。其实，花心只适合国色天香的，或有显赫家世的，或媚术床道都精通的女人。不具备这三个条件，你就千万想着要在男人面前装装痴情和专一，不然，你指定被伤了自尊的爷们儿抛弃。

3．矫情自负。常听剩女说："为什么条件比我差的女人都嫁掉了，而我却找不着主儿？"每次听到这种论调，我都不忍心打击你：**男人找老婆，首先是看姿色、看脾气，其次还要看女人的能力和经济。**你收入、学历是不低，可你姿色、温柔都欠缺，男人咋能不去找那个对他们胃口的女人，而去找你这个动不动就指手画脚的家伙呢？你当男人傻啊？

4．过分算计。剩女多是脑细胞活动频繁的人，无时无刻不在想别让男人占了自己的便宜，无时无刻不在计较男人对自己的投入。

男人认为老婆条件过好不利于统治，优剩女就这么出现了。

殊不知，和剩女相配的男人往往都是经历过一大把女人的熟男，他们最想得到的女人是具有无私奉献精神的纯真简单无知妹，对剩女本来已缺乏生理上的冲动，又被心眼贼多的剩女给彻底吓阳痿了，这时，他但凡有个另选的对象，就会离开精明的你。

5. 性格内向。女人中，性格内向的人数比例要比男人高得多，再加上中国传统文化的影响，内向的女人在择偶过程中显得内敛、被动，结果就使主动性较差的男人以为追求无望而止步。除非能遇到那种爱你到发疯的，或善于勾引女人的男人，否则，爱你在心口难开的这类女人难免要剩下。

6. 志向远大。事业心超强的女人，想趁着年轻在学业和事业上拼搏一把，结果越走越高，等工作成就斐然时，她已走到了高处不胜寒的让男人心虚肾也虚的境界。如同田忌赛马一样，和她一个档次的男人都找了比她档次低的女人，她只好俯身屈就档次低于她的男人。可惜条件不如她的男人一般也不想要她，男人认为老婆条件过好不利于统治，优剩女就这么出现了。

以上说的都是主观原因。然而剩女之所以成为剩女，并不一定全是主观原因使然，还有不可忽视的客观原因，例如周围的适婚男人太少，买方市场不繁荣（城市剩男少于剩女），自然也就没有挑拣的余地，稍不留神就被剩下了。女人们若在对号入座时发现自己没有上述那些主观原因，就得设法克服客观原因了。

到底是谁剩下了

　　社科院新书《当代中国社会结构》中说，"到 2020 年，我国可婚男性将过剩 2400 万"，且"很有可能出现'隔代婚姻''姐弟婚姻'等错位性的婚姻"。这结论猛一看，很是匪夷所思：既然男光棍这么多，怎么还会有大女小男的配对？按说岁数合适的男女都互相解决了，剩下的男光棍要找也是找"非剩"小女人才对，本来女人都少，女人还要找小男……到底是谁剩下了？

　　矛盾的问题需要矛盾的解释：虽然理论上是 2400 万剩男将出现

在 20 年后，但是，这 2400 万剩男大多是买不起房、娶老婆有困难的经济能力偏下层的主儿，仅有很少一部分是心甘情愿剩下的、不缺女人的中上层社会的独身主义者。也就是说，如果女人肯降低物质追求，肯在婚恋中采取不拘一格降人才的客观措施，是个女人都能嫁掉——缺口 2400 万哪，这可不是小数字。中国 20 年前 20 年后都不该有剩女出现，也不该有那么多的姐弟恋出现，只是中国女人的择偶观出现了大问题，才导致本来紧缺的"物资"出现滞销的不正常现状。

比如说某顺认识的一男，刚离婚，给他介绍新欢的非专业媒婆就排起了长队，所托之女有离异的，也有单身的，有比此男大点的，也有比此男小很多的，有带孩儿的单亲妈妈，也有从没恋爱过的 30 多的老姑娘……貌似女人不论岁数大小，都急不可耐了，只要没配偶，就始终让她自己跟亲友、家人急火攻心。找一个像样的男人，成了女性择偶的标准，而所谓像样，基本是要有房有车或有购房购车能力的。在确保物质基础后，女人又要求男人的外形、学历、事业，要求他们勤劳、大方、浪漫等。问题是男人若具备了这些条件，找女人就太容易了，他干吗还要结婚？如此，钻石王老五就越发成为女人们心中的念想，剩女才真正成了社会问题。**如果女人不这么在乎物质条件，可挑选余地一下放大了 N 百倍，只要想嫁，就没嫁不出一说。**

可能说到这儿，有些女读者不满意了，要提某顺一贯坚持的门当户对了——问题是，你既然找不到门当户对的，又一心求嫁，就只能在门不当户不对的人群里踅摸一个，否则你就老老实实一个人待着，别老干号那句"我找不着人呀"。而且，很多妞自己都买不起房，还有什么资格要求男方一定有房呢？某顺经常看欧美电影，里面宣扬的价值观就很健康，经常是一个很出色的女人或男人，找了一个社会地位、经济地位都悬殊的配偶，他们最后结合的动力是彼此相爱。试问咱国的妞，尤其是咱国的剩妞们，你能放弃城乡差别、贫富差别、职业差别吗？天天网上偷菜偷得欢，真给你个种菜的男人，你立马逃之夭夭，这境界说穿了也仅仅是世俗吧。既然自己都够世俗，就不要怪男人也同样世俗地对你。俺早说过，男人最需要的女人，基本上是年轻漂亮有姿色，若此条不够分，那就用家世用经济用其他的实力来替补吧。

所以，那些已然混成姐姐辈的大妞老妞，先搞清自己到底需要的是婚姻，还是一个男人。若是前者，真没必要定那些华而不实的条件。女人的配偶，只要有自我谋生的手段、不给你增加额外的经济负担，床上骁勇善战、床下诚实稳健，不就够资格了？若你只是需要一个男人，就先别急着结婚了，找个有共同爱好的男人先恋着，将来能水到渠成地结婚自然好，不能的话也不荒废这么些大好时光——总之，只要不是上来就要婚姻的，男人会对你更有兴趣一些。如此，那些因为抢不上适龄男人就去进攻小男人的姐姐，是不是也会少了些饥不择食的将就？大女小男的结合，很不符合中国男人的本性，这样的婚姻一旦流行，怨妇只能更多，某顺只能更忙。

男人最需要的女人，基本上是年轻漂亮有姿色。

从姑娘变媳妇

关于剩女，某顺常被问到的另一个问题是："怎样从一个姑娘变成媳妇？"（如今只要没婚史就算姑娘）怕剩，是当代女子的普遍心理。为避免剩的尴尬，也为及时行乐，如今的姑娘们大多在正式嫁人前，身体都不止跟过一个男人。虽然有些男人还揪着处女膜不放，但多数男人婚前早已"品尝过处女滋味"了，他们深知那层膜无法确保婚姻和谐及感情恒久，他们更明白别人的新娘也早被他们"刷过屏"，所以，他们完全能够睁只眼闭只眼地接纳不是处女的老婆。所以，在这样一个通透开化的社会大背景下，若还有人强调"处女膜无价"，不管他出于什么目的，也不管他是男人、女人，拿处女膜嘚瑟或鼓噪，都是不招人待见的：你乐意未必大家都乐意，你稀罕未必大家都稀罕。

你把你的狭隘当成普世价值向人兜售，无疑会贻笑大方。

在某顺接触过的案例中，多数大龄未嫁女会为自己还是处女而羞于言表，因为这证明她前面或认真或糊涂的三十多年人生里，没有碰到过一个能让她"赤诚相待"的男人。**性爱是爱情的必然步骤，如果两人相爱，且环境允许，把爱做出来——做爱，这是多么美妙的一件事儿，怎么就有人为保护处女膜放弃做爱呢。**有那么一小部分姑娘，三十好几了，不仅没有碰上过爱人，连迷恋她们身体的男人都没出现过……你说这种姑娘能不灰心丧气吗？就算婚姻不是女人的终极目标，性生活总该有吧？女人的青春期是那么短暂，不趁青葱水嫩时和强壮男人互相占有、互相慰藉，难道要等到皮粗肉糙时再被萎靡老男糊弄应付吗？因此，某顺始终对持膜观望的剩女说：先享受男人，再思考坚贞。

有一女，47岁，大学老师，外形良好，待嫁闺中。她不是单身主义却始终单身，不强调守贞却一直是处女。她说："我不是故意要留着处女膜的，只不过一直没找着那个能睡的人。"——注意，她说的是"能睡的人"，而非"能嫁的人"，某顺以为她这种思想就很健康、很红润，充满了生的气息和活的味道。作为成熟女人的你应该明白，良好的性爱能促进你的生理健康，还能丰满你的精神世界。如果一时半会儿找不着"能睡的人"，你只能忍着扛着挨着，但忍扛挨都不能是长期一贯的，否则你不仅会很快脱水衰老，还会对这个世界的另一半人群产生异己隔阂感。上苍造人既然分了男女，只要你性取

良好的性爱能促进你的生理健康，还能丰满你的精神世界。

向大众，作为女人，还是要允许男人来滋润你的，即便他不是你的丈夫，他也能给你解决当务之急。**不要轻易拒绝你喜欢的人的求欢，因为他的欢乐也是你的。**

没有婚姻伴侣，也该有睡觉伴侣，这是本能需要，不容硬性压制。如此产生的后果是，你八成会没膜嫁人，可能你未来的老公会为此挑剔你，但想想是你自己的快乐重要呢，还是你未来男人的虚荣重要？你一定会选自己的快乐吧，那就不要把处女膜问题当头等大事来对待了。通透和释然，都不是梦想，只是心态的调整。女人都想有自我，自我的人生本不该为了世俗被蜷曲、被挤压，你站直了，没男人敢轻视你；你自己窝在那里，还想象人家能把你抬到高处，岂不是做梦？处女膜问题是陈旧落伍思想的标志，即便有些男人热爱，女人也不该跟随男人去摇旗呐喊，因为这代表着你没把自己当人看。你以为有膜就是荣耀吗？

有位 38 岁的剩女搞了个贞操网，公然标榜有膜光荣。看了她的照片和她的一些自我宣讲，不由得替她揪心：大妞，你搞这贞操网，其实卖的不是萌，而是卖了你最珍爱的膜啊。自己想吧，你留着那膜，能证明你比其他姑娘更奇货可居吗？不能。男人可是宁愿睡个 18 岁的没膜嫩妹子，也不愿睡个 38 岁的有膜老姑婆。不信你到大街上拦住男人挨个儿问，问他们是喜欢睡处女膜贴脑门上的你，还是喜欢睡那些满脸无瑕天真的 90 后？妞，你且记住，你能留住膜，可你留不住青春，男人真正想要的，是你的青春，不是你的膜。

吃不到的糖最甜

　　常听痴情妞说，"我怕错过他，这辈子就再也找不着这么适合我的人了"，或"我要不主动点，他肯定会被别的女人弄去了"。每逢听此等"豪言壮语"，某顺都忍不住想笑：老天若真要让你们错过，你就算再努力、再能缠，他也会被其他女人弄走的。而且，错过他未必就是坏事，眼前你以为合适的人，将来搞不好是你难以应付的那块鸡肋。无数怨妇已然证明了"远看青山绿水，近看龇牙咧嘴"的相处定律，你又何苦逮着个男人便像抓住了救生板，净做那没他就不行了的可怜范儿呢？

　　一定要淡定，一定要克制。女人不淡定、不克制，疯子啥样，你就啥样。永远要记住，吃不到的糖最甜，得不到的人最有味儿。因为你在意他，所以你美化他；因为你美化他，所以你迫切地想要他；因为你迫切地想要他，所以你表现得如同饿急眼的下山猛虎；因为你太像捕食的饿虎，所以他不甘心轻易舍身饲母虎；因为他的不肯就范，所以你才觉得他优秀得前无古人后无来者。——其实，只要你的性欲一歇菜，理智就能帮你重新认清他：多数情况下，你得不到的男人不是太好，而是和你太不"配套"。

配套的男女关系应该是一见如故、眉来眼去、心有灵犀、互动互爱，哪能是你这边勤使劲、紧添柴，他那边却始终纹丝不乱、冰凉依旧？因此，碰着那你越舔巴他、他越漫不经心的主儿，你的好胜、好强、好争、好斗、好奇心最好都一起灭了吧。**别在和你不配套的人那里瞎耽误工夫，人定胜天的唯心精神，尤其不适合用在男女关系上**。与其花很多功夫帮一个对你很没兴致的男人改变喜好，不如换个就好你这口的男人，把后者培养成一只最爱听你吆喝的叭儿狗。别放着上房的奶奶不当，偏要做偏厦的粗使丫鬟，这不叫个性，这叫犯傻。

真不知有些妞的爱情观是不是就叫受虐，貌似没男人怠慢她、羞辱她、折磨她，她就找不着快感，更不知活着的意义了。这不叫追寻真爱、满足自我，更像上辈子欠了人家太多，这辈子便要连本带息还债。咱能不能适当地赖赖情感的陈债？你放心，隔着前世今生，只要你控制住自己的欲望，就算欠他九世的眼泪，这辈子你仍能潇洒地从他身边一跃而过。**爱自己胜过爱男人，男人才会更在意你**。人都是贱骨头，女人如此，男人也如此，太容易得到的东西，尤其是那主动投怀送抱的女人，是男人最不在乎的，而死活纠缠的女人，更是男人眼里的贱人。

还是那句话，吃不到的糖最甜，想让他一直跟在你屁股后嘚啵嘚啵地撵你黏你吗？那就别主动啦。甭怕不主动就会与他失之交臂，他要真是你的人，就算你学姜太公甩直钩，他也会主动跳进你的鱼篓里的。

吃不到的糖最甜，得不到的人最有味儿。

男人的不同规格

女人们大概都想知道什么样的男人才适合自己。其实，最适合你的男人，就是最爱你的那个男人；没有爱的前提，即便是个白金男钻石男，也不适合你。男人心中有爱，他的表现才会乖，他要是不爱你，他对你对家，都是一副与己无关的冷峻架势。男人的这一点和女人很不同，女人老是一副任劳不任怨的蠢样，这边拼命为他付出，那边拼命诉苦申冤。所以某顺经常劝女人，学学男人吧，学人家的端正态度：**不爱你，就不对你好，就要奴役你，而不是幻想"用奉献感化你、拴牢你、唤回你的爱"。**

所以，找一个爱自己的男人，很重要很重要，其次才是选择男人的条件。当然，男人的条件也不可小觑，总不能把街边流浪汉当你的最佳配偶，更不能把有黄赌毒及偷嘴撒谎暴力等恶习的男人当终身伴侣。对人群中的一般男人，要鉴定他是什么规格的，有些规格肯定不对你这个特殊型号，那就不要他，不要因为他某方面还能满足你的需求就忽略他不合乎你口味的其他方面。**在选男人前，要明确自己对婚姻对配偶的需求，避开满足不了你需求、会带给你诸多麻烦的男人，才可能靠近幸福**。为帮助女人识别男人，某顺总结了当前流行的几种男人，方便各位按需求索：

凤凰男——这种男人出身寒门，从小勤奋、很受家人重视，他家没什么经济来源，靠务农为生；他兄弟姊妹多不说，亲友们还都没走出乡村，都以为进了城的他过着天上人间的好日子，哪怕你们一屁股房贷。他全家节衣缩食，才供出他一个大学生甚至更高学历，他有今天实属不易，想要他不顾他家、不回报他的父母兄妹，也不应该。但问题是凤凰男的穷亲戚太多了，他家的穷坑太大了，你帮他接济了这个还要接济那个，给了这个还要给那个……很快你就会发现，找他不仅难以获得"倚靠男人的甜蜜"，而且你自己还成了他家的索取对象——管不管得了、给不给得起，你都得管、都得给，否则你就是他及他家人眼里的坏人。最后你就明白，你仅仅是给他家拉帮套的，嫁他就是嫁负担，嫁还不完的人情债，被迫奉献十几甚至几十年，就算你胸怀再博大，也很容易因此抓狂一辈子。

而且，有一点尤其重要，凤凰男都是封建大家庭的宠儿，小时只顾学习不做家务，他和你结婚后，不会看到你白白为他家付出的那些钱、那些力，他只会以他伟大勤劳到可以上巾帼英烈榜的老娘为模范，要你比、学、赶、帮、超，包揽所有家务，你有一点做不到，他都觉得他委屈，命不好。一旦他发迹了，你一准儿会因不够任劳任怨而被他嫌弃甚至离弃；假如他发迹不了，你也照样倒霉：得继续为他及他家做无私无畏的奉献，直至你咽气——咽气前你会被他怀念的，他怀念的主要是你的退休金。嗯，凤凰男大多小气，看钱很紧，你活着时要跟他勤俭节约，死后八成也混不上豪华匣子，他们很实际，不会花冤枉钱的。现在你告诉我，你嫁他有快感吗？

经适男——经济适用男，听名字就很生活是不是。经适男属于人群中的大众，没特好的条件可炫耀，也没太糟的条件可郁结。那些在学校一路循规蹈矩走过来的男人，很容易变成经适男，其特点是相对顾家、相对能挣钱。（前一个"相对"是针对不靠谱、不着调的男人，或特有事业、特有钱到完全顾不上家的男人，后一个"相对"则针对要事业没事业、要工作没工作的低碳男。）经适男也就是"比上不足比下有余"的男人，他们工作稳定，虽然没有大出息，但收入稳定且随行就市，能勉强供房养娃；若他们有幸碰到个城市大龄孔雀女，有女方娘家的适当支援，和他的小日子也是有滋有味的。经适男因为自己没太大本事，也不会幻想找个多有姿色和才华的老婆；而且他们的行业往往是脑力劳动部门，算草根中比较茁壮的。对小家碧玉来说，经适男足够了，太有钱的钻石男她们控制不了也勾搭不上，太缺钱的凤凰男她们又无法应付、更无法接受。

但经适男一般比较无趣，因为他们多是坐机关或搞技术的，很难有大起大落的宅生活。他们习惯于玩网游、看球赛或搜色情小电影、搞网恋，偶然碰上个特奔放的妹妹，他能立刻以为枯燥的人生可以

找一个爱自己的男人，很重要很重要，其次才是选择男人的条件。

重新洗牌了，但最后面临离婚就是半破产的局面时，经适男的现实脑瓜立刻就作用上了：他会选择主动回家，皈依婚姻城堡。这跟他们求稳求实的风格有关。所以经适男目前比较抢手，相比凤凰男，他们没那么大的穷坑等着女人来填，也不容易出现"子系中山狼，得志便猖狂"的暴发户嘴脸——始终平稳的人，容易被女人接纳。不过，经适男一旦遭遇经济危机，有下岗或解聘情况发生时，很容易在短时间内颓败得不像样子，因为他们这辈子就没经历过这么大的坎坷；而且他们除了现有专业，其他行业基本都无力涉及，改行艰难，再就业也艰难。此时女人们往往会懊悔当初没选那个条件相对较差的凤凰男，凤凰男至少是吃过苦的，不容易向生活妥协。

低碳男——说的是"倡导节约、低碳生活的男人"，某顺则认为，低碳男应该是要啥没啥的男人。若经济雄厚，消费谁不会？即便是节约，也是相对于收入而言的，而不能是有钱不花、坚持自虐。低碳男应该是被迫低碳的，没钱买车，当然要步行或挤公交，当然就减少了碳排量；没钱置衣，当然要一件衣服穿三年，当然就减少了印染业的污染；没钱吃生猛海鲜，当然要粗茶淡饭，当然就保护了稀有种群……但有几个低碳男是甘心一辈子低碳生活的？又有几个女人甘心和要啥没啥的低碳男过日子？因此，低碳男貌似不会流行，咱就不多费口舌分析啦。不过要提醒大龄剩女，尤其是受过情伤、经济充盈的剩女单女们，应着重考虑低碳男：找他相对安全，他为了突然降临的高碳生活，也会对你好的——别怕男人利用你，人家要是什么也得不到，干吗找你？

男人的功能分区

　　常听女人们说："这个男人对我好，长得也好，但物质基础太差，家太穷、人太笨。"也有女人说："我们在床上非常和谐，可他脾气不好，而且没能力没前途没学历没事业心没上进心。"还有女人说："他虽然有钱也舍得为我花钱，可他长得太难看了，也不体贴我关心我，我们没有共同语言。"——看了这么多的控诉，貌似男人真是质量有问题的生物？某顺说，**讲男人这不好那不好的女人，一般都是伊本身就有很多缺陷的，或性格或能耐或家境或思想或年龄或姿色或咪咪屁屁的大小，总有至少一种的问题存在。**鉴于男人找配偶或性伴侣时，一般只看重女人被他欣赏的某一点，而不会像女人这样贪婪地眉毛胡子钱包一起乱抓，所以男人要么跟你好，要么抛弃你，而少有女人的困扰。草原上哪有不吃草又跑得快的肉马啊？不学会抓大放小，

草原上哪有不吃草又跑得快的肉马啊?

你当然要永远郁闷了。

　　女人要区分男人的功能，对不同功能的男人要有不同态度和不同用法，不要见个像样的男人就算计着如何把他搞上床，如何把他变成你未来孩子的亲爹，如何让他成为专供于你的法定配偶。有的男人虽然优点不少，但只要他有一个与你价值观相违的缺点，那就是影响你们和谐的致命因素；你得明白自己最需要什么样的男人，把准自己的脉动后再去甄别靠近你的男人，并包容他的所有缺憾，你才可能与他长治久安。任何只顾眼前不管将来的冲动选择，任何只看短处忽视长处的主观偏见，都会让你在上床后怅然若失，并很快认定对方就是老天惩罚你的那块鸡肋。因此，在选择你的伴儿之前，先搞清他的功能，只让他满足你一个需求即可，千万别指望他能满足你所有的欲望，也千万别当自己有运气霸占一个文武全能的男人。

　　也就是说，如果你目前最缺一个丈夫，好吧，那就找一个最像丈夫的人。一般意义上的丈夫，是指能和你一起居家过日子、生养孩子的男性。绝大多数男人都有这功能，对不？那你的目光就在绝大多数男人里逡巡吧，不要人为地给自己设置很多难以逾越的障碍，诸如物质基础、思想境界、工作文凭、出身经历，以及高矮胖瘦、头发多少、包皮是否过长等，都不是丈夫的重点内容。只要他喜欢你，能自谋生路，肯和你同甘共苦，有制造下一代的能力和热情，不就具备了丈夫的基本功能？哦，你说你还要找志同道合的人，OK，这个的确有点难，须涮掉绝大多数男人中的大部分，但也不会少到无处可觅，就怕你还想他既是帅呆，又是情痴，更是超大的钱袋子……**完美男人不是没有，只是他们比太阳系的行星还稀少，你下下下辈子也够呛能与他们共枕席，不如把重点目标定位于你能得手的男人。**

找丈夫要看重功能，找性伴侣或情人亦如此，最可笑的是，某些女人不知道自己要干什么了，把情人指标估得过高，对性伴侣要求又难脱俗套，完全忘了"情人是用来解闷的、性伴侣是用来解欲的"这一基本原则。对情人像对老公一样严格认真，动不动就查人家岗，查电话、短信、网聊记录；对性伴侣更是贪婪得无法形容，上床前先打听对方的身家，他就是有 60 个亿又能给你多少？你睡的是男人还是钱呢？有的女人在搞男人的过程中，最早是讲原则的，也能区别对待不同功能的男人。常见的性交易中的女人开始都只想等价交换，可换着换着她就换出天大的贪心了：想教授抛弃结发，想老总抛弃贱内，想帅哥抛弃原配……小蛇欲吞大象的情形很常见，虽然结果往往是蛇被撑死、被踩死，可这也挡不住某些女人的执着，还都打着爱情的名义。拜托，咱能不能不要亵渎爱情这个词？真要找爱情，一穷二白的傻小子的爱情更纯洁更专注，你又何必咬住仅能给你带来利益的男人呢？

命中注定做我们丈夫的男人一般只有一两人，做我们情人或性伴侣的男人的数目会多一些，更多的男人只能做我们的朋友，也就在这些男性朋友中，我们经常能发现特别对我们胃口的男人，他们像钻石般熠熠发光。愚蠢女人会如狗熊进玉米地一般，见一个爱一个、爱一个睡一个，到头来会发现她只有翻脸的旧相好，唯独不见帮她的朋友——这便是你不把男人当回事、也不知道什么男人该派什么用场的恶果。因而，某顺要替那些时刻被智障女惦记的所谓出色男说一句公道话了：有时男人睡你实在是因为不忍拂你的薄面，而不是爱你、在意你、稀罕你，咱的自我感觉不要始终那么好成不成？不能逮个男人就想睡，留着能陪你聊天的男人专门聊天，能给你醒脑的男人专门醒脑，能帮你做事的男人专门做事，又有什么不可以呢？

大多时候，男女间不睡的感情要比睡过的感情还深厚、长久，你若真欣赏他、真想借他的光，就别招惹他褪裤子吧，要学会物以致用。

过程比结果重要

　　常有女人说，男人现在对我是不错，但我担心以后他时来运转了，就变心了、插翅跑路了。也有女人说，我和他相处得挺好，可一想到跟他要面临的那些实际困难，我就泄气了。——这是典型的悲观主义者，其特点是忘了"活在当下"最重要，而是患得患失、预支痛苦。古人说，"没有远虑必有近忧"，古人还说，"人生得意须尽欢"，可见，一点不思考未来，不成；但对未来的思考过多，就本末倒置了：会影响你品味眼下的美好。所以，某顺常劝为男人为结果犯愁抓狂的女人们：你得知道你最缺什么，如果他带来的恰是你最需要的，那就别管以后怎样，也别计较过去如何，只把握现在。

　　传统教育让我们隐忍、宽容，并以结果论得失，以成败论英雄，等你活了半辈子后才会明白，人生就是由当下的每一天组成的，不过好当下，又谈什么将来？过程比结果重要，及时享乐的思想也没什么不对，它叫我们珍惜自己，也珍惜活着的每一天。

憧憬的未来一旦实现，未必就是你彼时需要的幸福。

很多女人年轻时太贪婪，什么都想要最好，碰上一个男人，就幻想他能是她的终身爱人，她的一世情缘，她的整个世界。因为有着过分的期待，她对男人在乎得不得了，恨不能把他放在胸口上，让这份感情始终保温，为此，他犯错也原谅，他变心也挽留，他使坏也包容。女人生怕有一点不如他的意，就让他失望，离自己而去了，但想不到的是，**缘分这东西如果命定的只有五分钟，你多使一分钟力气也是枉费心机，它该什么时候结束就什么时候结束**，绝不会因为你的胸怀、你的痴情、你的认真，就多延续一分钟，最后，那个我们以为死活也离不开的人，还是毫不留情地扔下了我们。此时再回首，多少有些遗憾吧：早知如此何必当初？早知是这样一个结局，我们犯得着那么压抑自己、拼命巴结他么？早知缘分就这么点点长，那些在一起的日子为什么不能尽心随意，让彼此都轻松都 Happy 呢？

没有一颗平和的心，就会期待遥远的结果，其实你不明白，憧憬的未来一旦实现，未必就是你彼时需要的幸福。我们总是美化将来时态，而忽略进行时态。目前能感觉到幸福就不错了，目前能体察到他拿你当掌中宝就成了，目前能恩恩爱爱卿卿我我就够了，将来以后明天是什么样，管它呢，等将来以后明天再说。考虑那么远也没用，或许到时候大家都变了呢？或许到时候你就不以为这结果是你们最好的结局了呢？人在不断成长，世界在不断变化，享受现在、珍惜眼前，这可不是唱高调，也不是教你做市侩的不计后果的杯水主义者，而是要你趁着心仍在、人也在、容颜还未完全苍老，抓住你所有、满足你所需，不然，眨眼就可能世界末日像《后天》那样来临了，总不能到了离世的那一刹那还在惆怅和懊悔：我当年真傻，干吗和自己作对？

当然，不是每一段感情都值得倾心，不是每一个过程都值得回味，一旦爱错人，追求了不对等、不公允的情和意，最后无论有没有结果，这过程都会变成我们心头的那道疤：痛是早过去了的，痕迹却永远留下了。所以某顺一直劝女人们，不要随意投入，看准对象很重要，假如认定此人值得你爱，且他有条件与你互动互爱，那就不顾一切地去爱吧！那就烈火焚情吧！那就让自己醉生梦死一场吧！就算只是今朝和他做一对戏水的鸳鸯又如何，不要介意这场戏有多长、能不能戏出一只大家都满意的蛋，戏水的经过就很美妙啊！很多人一辈子都在岸上羡慕着你们呢！

暧昧能够怎么玩

常有职场女人抱怨，遇到那种对自己工作有帮助的男人，而这些男人不乏有些是怀着"没有无缘无故的好"的目的才出手相助的，对于这些男人，怎么才能既不灭了他的热情，让他继续出力帮自己，又不距离过近，影响自己的安全呢？

男人对女人的好感常见有两种：一种是准备拉上床的，即见了她就来性欲；另一种则是欣赏，但和她上床，男人搞不好连闪念都没有过，盖因男人的本能也是讲感觉的，再风流的家伙也不会见个女人就抖骚，何况很多时候男人也乐意结交各方面都不错的异性朋友。当然，男人没冲动，还可能是这女人已强悍到能干扰男人的荷尔蒙分泌了，这种女人于男人而言，会相当安全，安全系数几近于男人

女人太老实，未必招男人爱；女人太不老实，一定不被好男人爱。

看了就头疼的某种女人。所以，在揣测男人会不会伸咸猪手之前，要先搞清人家对你的情意有没有超过你对他的情意，别人家只是友谊的示好，你硬给人家抬举到对你情有独钟，那就很可能让你自己丢人现眼了。有那感觉特别好的女人，动不动意淫下各路男人对她的向往心仪，这实在是很让旁人倒牙的习惯。自知能力是女人靠谱与否的重要决定项。

　　确定这男人对你有点意思后，即便他对你的工作有很大帮助，也轻易不要跟人家玩暧昧。某顺说过 N 次，在相同学历、阅历、经历下，男人的智商水平一般会高于女人，盖因男人天生逻辑性就强，理性思考让男人总是在关键时刻不至于和女人一样混乱、烧包，也因此，男人很容易看透女人的那点小九九，本来对你还有憧憬，见你小机灵乱甩，尽是花花绕，人家保证会改变对你的看法。**女人太老实，未必招男人爱；女人太不老实，一定不被好男人爱**。因此，窃以为女人应诚实、讲原则，大是大非上不能含糊。看出人家有性冲动，而你又不准备配合人家，就该让人家了解你的立场：可以做好友，可以继续合作，但只能是工作关系、朋友关系、普通关系，而不可能有男女关系、肉体关系甚或是暧昧关系。若不能坦白明示你的原则，玩暧昧的后果往往是把可能的重量级朋友玩没了，让人家看不起你的人品不说，还容易把自己玩进去，到时候谁占便宜谁吃亏就难说了。

　　是个女人都想有个男人能无私无悔地帮自己，但真想帮你的男人往往帮不了你，能帮你的男人又根本不认得你这根葱。怎么办？

除了自救自助自勉，女人想要事业成功，貌似也没其他捷径。不排除有些女人运气好，一生中能碰到一个甚至几个男贵人，这些男人分期分批出现，接力赛一样把她送上了职场的西天圣地，但这些女人大多姿色不凡，男人们乐意为她鞍前马后。而普通姿色的妞们，期待遭遇一点图头也没有的"雷锋牌"伯乐，好像有点不现实：你都有私欲，人家咋可能没有？若从你这儿什么也得不到，人家还不如栽培个能回报点什么的其他妞呢。于是乎，某些自认为很贞操且不能贱卖自己的女人，就打起了暧昧的主意，这边抛着意义不明的媚眼，那边还一遍遍强调自己对他没想法——拜托，你不妨直接跟人家说，"我想睡你来着，但睡了，你就看不起我了，所以咱还是眼球耍下流氓、言语蹭蹭敏感区得了"。千万不要热衷此道，你得知道，不论男人女人，一旦有了这爱好，就离可憎和可笑不远了。

　　说到这里，某顺的意思也直白了：有肯帮你的男人，你就拿真心真意感谢人家，给钱给身体都成，看人家需要什么你就出什么本儿吧；若人家帮了你，你却什么回报也不用出，那是你功力了得、走了桃花运；若人家明确表示要睡你，你既然看懂了人家的意思，只要接受了人家的帮助，就等于合同生效，你不干干脆脆早点扒裤子，还扯那些云山雾罩的暧、掩耳盗铃的昧，不是诈骗又是什么？其实暧昧这玩意儿真没什么好玩的，尤其是女人玩暧昧，看上去总是那么矫情且幼稚。你以为你玩得过男人啊？就算他最终只跟你眉来眼去，也是他的性欲中间又移到别的女人那儿了，而非你的暧昧本事高玩晕了他。

独自高飞的鸿鹄

男人的钱最多给你锦上添花，别指望能雪中送炭。尽管不时传出某女搞了男人大笔钱的消息，但前提是在那男人爱她追她阶段且男人厚道，倘若没爱撑着，这男人就算再有钱再大方，他也不想拿钱砸你。因为一般男人都认为他人格魅力强大，靠眼神靠精液靠口才就能征服你了，花钱睡你他不干，他想他也不是在嫖娼。

鉴于一般男人都以为给女人花钱就是间接买春这一逻辑，我一直叫女人们别轻易开口跟男人要钱，除非你想甩了他，那时你必须要钱且得要大数目。女人找男人是要有图头，但图头不到万不得已都不要和钱挂钩。你用要钱考验男人，十之八九把他考糊考走。男人以为你爱他人，你一要钱他自信就垮了、明白你并不爱他人。

钱图不到，还能图到他什么？相伴相爱相知的感觉也重要，或他能使你安定、令你提升、给你温暖，都是图头。当女人经济完全

我一直叫女人们别轻易开口跟男人要钱，除非你想甩了他。

独立且运转良好时，就叫男人只做你的一个伴儿吧，不用他给你物质你也能保持较好生活水平时，你才能发现他对你的尊重，因为此时他心里清楚，你离开他是容易的，拿人手短是必然的。

有妞说："如果他给了钱我就不离开他了。"错，他能给你多少？你的欲望和环境在不断提升，他能给你的却有限，你早晚还想离开他……拿他钱财将来势必脱身难。女人要独立，要身心独立，要永远不被男人束缚，才会越走越远、越飞越高，虽然一个人的挣扎拼搏很辛苦很孤寂，但成绩出来时不被男人瓜分是不是更高兴？

门当户对最安全

　　有个电视台的编导用电话收录了我对"宁嫁富二代,不做杜拉拉"的看法的态度。某顺从三点驳斥了这种貌似机灵的择偶观,概括如下:一、门不当户不对,结合之后也难以舒坦,因为彼此不习惯;二、靠山山崩,靠水水流,指望男人给,不如咱自己有,这是新时期女性必须信守的做人原则,否则你势必会被男人闪了腰;三、很多女人把经济条件当择偶首选,其实钱买不来彼此的愉悦和认可,真正合适的两个人是人生观、世界观、婚恋观都契合,且彼此相爱、都有走到一起的迫切需要,除此之外的人选,都不算适合你的对象。

　　电话完,某顺又觉得应该对"门当户对"有个重点诠释才好,可惜电话采访既有时间限制又都不提前排练,某顺虽发挥了机智和口才,却没完全展示思考的过程,因此要再用文字啰唆一遍才觉安生,也算是对此回脱口秀的一个导读吧。

我一直强调"门当户对"的重要性，说"匹配"两个字很关键，婚恋中不要追求攀高枝或勉强下嫁下娶，除非两个人爱晕了爱傻了，非要到一起不可了，只要你还有其他选择，就该避开找"门不当户不对"的主儿。这是为你婚后生活的安稳和踏实着想，而非考虑你眼前的需求，要知道，我们都不是为了将来离婚才结婚的，我们想找个人陪伴我们一辈子。**什么样的人能陪伴我们一辈子也不轻易厌倦和生分呢？那就是和我们相似的人。**这个相似包括了生活成长环境的接近，见识思想的靠近，收入及家族习性的相近，还有差不多的人生追求及幸福标准。若是你们在方方面面的差距都过大，当下可能因荷尔蒙的干扰，彼此会忽略对方的不协调、不默契，但等性激素退却，你们就会横竖看对方不顺眼，里外里都觉得自己亏了。

　　没有共同的经历，就难有共同的认知，没有共同的认知，和谐相处便是妄想；即便不搭配的婚姻久长了，也顶多是某一方或双方的忍耐性都到了极致水平，可他/她心里对这桩婚姻的评判，恐怕是旁人无法想象的。尤其是当一方用泯灭个性和理想的方式来顺从配偶的凑合式婚姻，更不是被我们期待的，毕竟每个人都有自我，都想有让自己感觉舒服的家庭生活，而真正靠谱的和谐婚姻，应该让彼此双方都认同"家是愉悦的港湾、配偶是愉悦的伴儿"这个概念。两个人能有商有量、同进同出、同喜同悲，才算相许相配的夫妻，那种一切都随他的没脾气的生活，只能是扭曲了的婚姻关系。当爱人不再是爱人，而是一个屋檐下却心灵遥远的孩他爸或孩他妈时，有多少男女会懊悔当初的一意孤行？**互相不解比彼此陌生还可怕。**

没有共同的认知，和谐相处便是妄想。

不建议找富二代，因为你不是富二代；若你本人就是富二代，当然更适合在你的圈子里找对象，原则还是上面说的那个：相似的人生容易沟通，容易融洽。很多女人认为找富二代能少奋斗多少年，但你忘了富二代家里的钱并非由富二代做主，顶多你跟他结婚时有个现成房住现成车开，婚礼上能排场点、婚后没经济压力罢了，你还能因他是富二代就获取更多么？我看难，因为富二代的爹娘都是自己打拼出来的，他们对每一分钱的态度都很认真，你想挟天子以令诸侯诱使人家把财产实业都转给你，除非他们的公子是个白痴，他们指望不上儿子就只好指望媳妇了——话说一个连他父母都不信任的男人，你怎么就敢信、怎么就能看上他呢？而且很多富二代的家庭也是拆东墙补西墙的高手，看着阔未必真阔，你万一押错宝或他家经营失败，你的婚姻是不是也要随行就市地解散？若是，那你嫁的不是人，只是钱。有这等追求的女人，我没法鄙视你，我可怜你，可怜你把自己当物件拍掉了。

　　就算他家产业如泰山般稳固坚实，你还得担心这个富二代是不是个被惯坏的主儿，他婚后会不会欺负你。这实在是个问号。按说人家"高价收购"了你，你就等于人家家奴了，一旦面临他出轨或家暴，为钱嫁过去的你，是敢反抗呢还是敢闹离婚？所以别笑和傻子一样埋头苦干的杜拉拉们，她们就算找不着好男人，也不会被坏男人欺负，因为她们有能耐养活甚至养好自己，男人一翘尾巴，她们就能立刻踹掉对方——为嫁富一代富二代就变成家庭妇女的女人们,你们敢么？你倒是拎着LV开着宝马,但只要这包这车不是你买的,你就有一天使不起或被迫放弃它们。把你养肥了养懒了养呆了再抛弃你，这种扼杀简直是釜底抽薪式的，而你眼下竟然还流着涎水渴盼得要死！靠别人给予终究不安全，还是靠自己吧姐们儿，不然怎么死的都不知道。

我用什么收买你

择偶择偶，强调一个"择"字，所谓择，是指挑选自己满意也能被自己掌握的。人或物件的选择都需判断力来实现，没有准确的判断力就容易瞎选瞎挑，连鸟都知道择良木而栖，人要是不懂择良人为伴，只能说你是饥不择食寒不择衣了。但饥寒交迫的状况又不是永恒的，你很快会因不饥不寒而厌烦这个"应急状态"下的临时选择，所以，**在离婚还不是"我乐意就成"的当下，选一个最不容易离婚也最不容易厌烦的主儿，是我们择偶的重点目标**。注意，我说择偶目标是"最不容易离婚的主儿"，而非你"最想要的主儿"。有的成年人像孩子一样任性，适不适合他玩的、寿命显然不会长的玩具，他都想占有，这才使得短寿感情和短寿婚姻层出不穷。

有了合适的对象，并有了良好的开始后，怎么相处，还是一门大学问。很多人因为太有心眼或太没心眼，把本来相宜的配偶彻底得罪或吓跑了。比如，有些女人特强势，这个强势和她的职业风格

拿你有的去换你缺的，这生意不算亏，不然你就无法实现你的愿望。

是融为一体的，不管什么场合、跟什么人在一起，她都要做主、都要表态、都希望举座在乎她，一旦得不到她想要的重视，她就会觉得她的尊严被挑衅了、她的位置被践踏了、她的人格被侮辱了。这种女人和心仪的或准备将就的男人在一起时，老是爱给男人安排事儿，让男人整天围着她转，把男人调动得不得安闲；不仅如此，她还爱用貌似不经意实则有指向的话一再套男人，套他是否够爷们儿（不指望她生活或买单）、是否有未来（不指望她帮助或赞助）、是否死心塌地（不介意她的未来或过去）——哎，姐姐，在供求市场以男人为需方的今天，你这么高标准地要求一个紧俏商品，人家能买你账才怪。

婚恋搭配讲究各取所需，你不让人家得到点实惠，你就休想实现等价贸易，没有利益驱动谁还有交换的欲望？匹配原则并非两人什么都差不多，而是指"你缺的他有、他缺的你能供应"。假如你找了个除了比你穷点，其他方面和你并不差多少的男人，他正处于四十一枝花的黄金段，比起早成豆粕的你，他有更多的备选对象。说难听点儿，他找处女都不用花钱，靠成熟稳重就能哄来小妞，但你找处男一定得掏高价买了，就这么悬殊的现实地位差，你还怕他用你的钱、怕他将来成为你的负担？你完全可以不要他嘛！问题是，除他外还有别的男人肯让你算计和将就么？当你既没姿色也没青春时，就不要吝惜自己的钱了。想想吧，若跟你什么也得不到，他不如直接找崇拜他也不点化他的小妞去了，至少人还有个水嫩的身体可享用吧？所以，某顺常说，女人要知道自己几斤几两重，自己拥有什么又想得到什么，拿你有的去换你缺的，这生意不算亏，不然你就无法实现你的愿望：拉男人入城。

　　端正了态度，接下来就需要好好待人家了。这个"好好待"，不是穷你所有地为他付出或服务，而是要你时刻明晰自己该做什么、不该做什么。若对方接受你提议的ＡＡ制，成，打头起你们就ＡＡ吧，他不给你送礼时你不要心凉即可。别这头热盼着男人拿你当宝，那头还怕他也让你拿他当宝。谁都知道当宝的代价很大，一般需要互相扶持和彼此奉献，你既懒得扶持他奉献于他，就不该指望他扶持你和为你奉献。**打谱经济ＡＡ的女人至少要先打好精神也ＡＡ的谱，物质和精神是很难一个朝左一个朝右的。**当下女人之所以纠结，多是物质上占不上男人的便宜就以为屈辱，精神上占尽男人的便宜也不承认沾光，不把男人的时间和精神投入折算进交往成本，你当男人是傻子，能给你这么利用？哦，女人或许会叫冤叫屈，说"我也有时间和精神的投入啊！"是，你肯定有投入有付出，但你的付出和投入，未必是男人需要的，硬塞给人家一份责任，还告诉人家这是抬举他，人家能乐意么？

　　AA制基本是做伴的心思，而非爱人的态度。既如此，就别美化你对他的感情了，他只要家务经济都肯AA，你精神上也不该依赖于他，始终做他的对等伙伴，不再要求他疼爱你呵护你，才是你应有的立场。经济、精神都自立的女性，能让自己放松，也让男人舒服，有些女人光是嘴巴吆喝"我独立，我不靠你养"，行动上却一副巴不得靠男人养的范儿，这时常流露出的算计与反算计表情，让男人很不踏实、很不满意。要知道，一般的传统男人也愿意与女人同担甘苦，他们被女人怀疑是否靠得住的同时，也在担心女人能否靠得住：别你需要我时就依赖我，我需要你时却被你一句软饭党就踢开，与其如此，我何必现在做你的依靠？——因此，某顺建议，那些怕男人占了你便宜的女人，还是继续单着吧，夫妻间很容易互相揩油的，你没为男人吃点小亏的见识，就别幻想占男人的大便宜。

好男人不用负责

　　负责这个词，一向是我们要求别人为我们做到的，但让我们自己替人家负责，我们总有很多的不愿和不想。盖因负责很累，需要担当些本可以不担当的，还得付出些本可以不付出的。虽然多数人的智商都没到 140，但大家都明白，担当和付出越少，人活得越轻松。如此，当女人对男人强调责任时，某顺以为这是变相地绑架和勒索男人了。难道男人生来就肩负着为女人负责、给女人幸福的重任？貌似不是吧。那么，女人为什么对不肯替她人生买单的男人那么介意？

　　不肯精神自立，是很多女人的软肋，比之经济自立的争取，她们当下更衰的是老幻想不可以幻想的事。其实，女人一旦卸除了对男人的精神依赖，她的眼前突然间就天大地大了。某顺天天做的功，也是在鼓励和引导女人们精神自立，可惜还是有些女人不懂我，以为我只是在讲男人的坏话。她们曲解我的意思，乱套我的言论，导致她们在男人那儿越来越不受宠：过去她们对男人是敬畏和依赖，现在她们对男人是憎恨和倚赖——谁肯让你边用边恨啊，是不是？因此某顺很替智商低迷的那些女人担心：当敬畏都拴不住男人时，憎恨就更拴不住男人了，而各位又离不开男人……拜托您还是继续敬畏男人吧，至少虚荣的男人需要这个，你还能有个机会靠趋炎附势贴近他。

精神依赖往宽里说，就是我讲过的"'丁丁'崇拜"，女人对用过的那根"丁丁"的依恋和信赖一旦形成，最常见的表现就是要求"丁丁"的主人负责，他若不肯负责，那他的行为就是女人眼里的怙恶不悛，就要被女人怨恨咒骂很久。然而，男人不认为性交就是负责的代名词，所以，那些被女人定义为坏男人的爷们儿，八成是个不错的人呢。**好与坏就在一念间，当你不需要他为你负责时，你根本看不出他的行为有什么好指责的。**睡完起身，穿裤拜拜，这做法难道有错么？错的只有女人的过分期待。期待和自己上床的每个男人都能给自己点什么，要么家庭要么钱要么事业支持，而不仅仅是性愉悦和情感满足……女人对物质的需求往往远大于两性关系的实质需要，这是贪婪，是贪欲，是贪心，自然不被男人认可。（这里不是鼓动你乱搞，而是叫你明白"乱搞时不乱想"才着调。）

女人们常常要某顺帮她判断男人，问，他是否可嫁、是否可靠。每次某顺都想笑：即便某顺对他的人品有信心，他只要不爱你，他就能让你的生活陷入水深火热之中，若连这个也不懂，那就不要找男

女人对物质的需求往往远大于两性关系的实质需要。

人了，还是自己过安全点。当然，男人也有好坏之分，不过这个好坏与女人眼里的好坏基本不搭界，而只是作为一个人的层次档次批次差。**女人要在意的是，哪个男人更爱你，而不是比哪个男人看上去最好。**到底应该看重男人的哪些品质呢？下面是某顺的一面之词，欢迎各位消化吸收，依葫芦找瓢，男人或许就在不远处。

1．他正派。在和你确立关系前，他就是你眼里的正派男人。若是之前不了解的网恋男或相亲男，那就找机会考核他的正派指数。那些在是非前没立场没原则的男人，那些藐视弱小、无视他人感受、偷奸耍滑的男人，显然不算正派之流。

2．他正经。他可能有 N 个前女友，但他跟女人只串联不并联，每一个前女友都是他当时唯一的女伴儿，这样的男人就够正经了，你可以想法占据他更长久的人生，不可研究他前女友们都占据了他多少光阴。

3．他爱劳动爱干净。爱劳动的男人不会整天奴役女人，爱干净的男人会为了他眼睛舒服去主动做家务。当然，这样的男人也爱唠叨，嫌你干得不好、嫌你懒、嫌他自己命苦。只要你学会装笨装聋，就能享受他半辈子的贴身伺候了。

4．他是大男子主义。很多女人说受不了大男子主义，其实你搞错了，懒惰强势不顾家并不是大男子主义的代名词，真正的大男子主义是把女人当宝捧着、疼着，所以恋爱时要是碰上那事事亲为的积极勤快的男人，一定不要错过。

5.他的性能满足你，且他乐意性服务与你。这一点就不再解释了，反正你我都知道，没性的男女，感情更单薄。

看看，某顺这 5 条和"负责"毫不相干，可某顺坚持认为，能具备这 5 条的男人，就是不错的爱人人选了。要得太多，结果什么也要不到的女人，真的需要清理下脑子里那些多余的欲望了。

腰带还是有用的

　　朋友的闺女是九零后，学艺术的，"很疯疯"，证据是上大学前就有数个男友了，都那啥过，这小妞还迫使每位男友都穿了个耳眼，以证明该耳的主人曾属于她……虽然男友们在她的生活里只串联没并联过，但以某顺的老脑筋想来，一个不到 20 岁的女孩子"跟过"若干男性，这总是一件前景堪忧的事体。幸好小妞的爹妈都是搞艺术的，脑子都比某顺进化得好，他们笑某顺落伍了，说某顺对男女关系的认知还停留在农耕时代，说"如今的姑娘都把男人当用品、把性爱当享受了"。

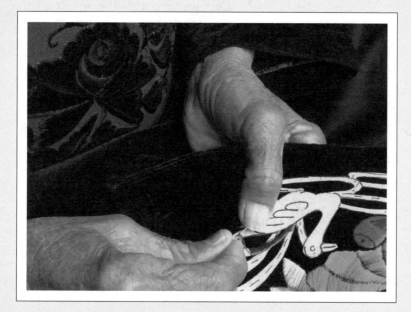

我们想要的和我们能要的总有一定差距。

把男人当用品、把性爱当享受，也是某顺支持和提倡的，但某顺担心的是，小姑娘在蹂躏用品和享受性爱的时候，眼下的不计较和想得开，会不会是将来被人计较的把柄和自己想不开的源头？话说有些消费一定是要女人自己买单的，比如卫生巾护垫啥的，也比如上床的避孕和善后，还比如被某个"严苛女人，宽纵自己"的所谓钻石男期待的处女膜……这些都需要女人自珍自惜；如今你的每一个任性行为，都可能成为将来拥有惬意生活的绊脚石，为此懊恼悔恨和叫苦不迭的女人多了去，某顺的工作就是在劝说这些女人们为自己的行为负责。少不更事及恣意妄为时的一切举止，都像是女人脸上的那片雀斑，粉底霜能遮住又如何，洗尽铅华后的你还是不敢多照镜子，这就是沉痛的性教训，也是新时期小妞们想不到的性未来。

不管过去多少年、经历多少朝，男人们对女人裤腰带的关注，总是比女人估计得还严重。男人和你上床时，对你前任性伴侣的多寡是在意的，纵然他能从你众多性伴侣身上捞到好处（你性技巧的斐然成绩，多半靠前任性伴侣的勤力陪练而来），但后面的男人享受着你前任性伴侣的"栽树"，却不愿感激你前任性伴侣的劳作。多数男人对"占有"一词的认识，还局限在"初次初夜初潮初欢甚至初偷"的高度，因此，某顺总叫女人们为美好前途扎紧裤腰带，还叫女人们为稳定大局管住自己的嘴：能不做的爱就不要做，能不泄的密就不要泄。在人生观价值观发生大动荡大变化的时代，你前卫了你光荣，但领先者也常有被主流抛弃的风险，当多数人都用不前卫的眼光审视你时，他们看到的不是时尚，而是叛逆……历史告诉我们，叛逆者都是会被收拾的，你还敢轻易去做执牛耳者么？

可惜很多女人不懂这个，这才叫某顺的工作类似苦行僧，总在说教，总是被人事后推崇、事前嘲笑。谁都想有时尚不过气的生活，但国人骨子里的有些东西是没办法与时俱进的，就算为了减少波折感，某顺也宁可选择传统的活法做法想法。贞操观是社会陋习，人是社会化动物，当陋习还没到完全可以忽略不计的时候，我们怕是仍得保持社会主义发展观。在传统中打打擦边球即可，放开了乱来，后果是不能控制的。不排除某些女人年轻时也尽兴尽欢了，一把岁数后"从良"了，还能把历史都埋在脚下，依然满脸纯情地假装懵懂女初嫁，这样的女人有手段是真，更真的是人家运气好，逮着了个半智障的男人，你一般碰不上这彩头，就别学人家做潘金莲了。

诚然，"乱搞"的风险是未卜的，可能有，也可能没有，若你赌得起，我也希望你趁年轻可劲儿地享受美好性生活。只是，我们想要的和我们能要的总有一定差距，原则上每个人都该坚持"人生得意须尽欢"，活着本该为了快乐而不是为了憋屈嘛。但在现实不能完全如愿、未来完全不能预测的当下，窃以为谨慎地活着，适当地束缚下性冲动，也是朴实无华的女人们的合适活法。不管你是小女人还是老女人，当你在男人面前不需掩饰伪装也能随时嗨起来时，你的选择你的做法就都没有问题了。是的，要不要今朝有爱今朝做，得看你的境界和胆量，没境界也没胆量的女人，还是扎紧裤腰带吧！

平庸男配平庸女

经常有女读者问某顺："一面是前途和事业，一面是爱的那个人和共同的小家，我要选择哪一个？如何做才能两全其美？"某顺总是这么答她："看你最需要什么，抓住你最需要的，放下你次需要的，这就是你的成功了；不要妄想两全其美，因为在爱自己和爱别人的问题上，很难做到两全其美。"某顺的说法不代表真理部的意见，因此很多女人咨询后仍然将信将疑，她们说："不会吧，也有女人既能把事业搞得风起云涌，又能把家庭经营得有声有色呢，比如谁谁，比如谁谁谁，还比如某顺你。"

女人可别什么都顶着扛着，却把个男人闲得惯得整天只想寻花问柳。

呜呼，某顺可从不承认自己有三头六臂。过去咱是合格的家庭妇女，没错，现在咱是合格的职业妇女，也没错，但咱从来都没本事做到既能大刀阔斧地挣钞票，又能铿锵有力地干家务。事实上，某顺近年来基本不染指家务了，盖因人的精力有限，我做了这件事也就没时间做那件事了……过去某顺心甘情愿地照顾一家老小，现在某顺心甘情愿地撑起养家重任。我不再用"合格优秀的主妇"来要求自己了，所以我在工作之余也不会叫苦连天地抱怨"里外都要硬的当下女人的命运真悲催"了——**主动给自己减压，减掉你不能负担或不得不放下的多余部分，这是女人活滋润、活轻松的前提。**你不能逼迫自己成为一个八面来风的人，要知道，世上的任何工种都有专业分工、专人对付，你得让自己变成某一行当的专业化人才，让其他人做你不擅长或鞭长莫及的事：要么是家务，要么是挣钱，你就选一个好了，其他的事都交给男人做或用钱去打发吧。女人可别什么都顶着扛着，却把个男人闲得惯得整天只想寻花问柳。

很多女人纠结于家里家外不能同时照应顾及，她们既想要男人的依恋，又想要男人的敬畏，尤其是想自己成为"出世入世都是人尖子"的成功女人，走到哪里都能收获别人的赞美，做什么事都盼掌声四起……这等理想固然很有进取心，但能不能实现却要看老天爷赏脸。过分要强的结果，很可能是你家里一团糟，家外也不尽如人意。咱能不能就只做个平凡的主妇或只做个寻常的职业女性呢？若是被迫两头都要占着，那就容许自己成为一个蹩脚的主妇或一般般的女职员吧！自我要求不可过高、过多、过分，尤其是当你要甚没甚的时候，还是得服软、认命，得睁只眼闭只眼，得放弃攀比和较劲，不然你真会劳累过度，早早衰败成黄花菜的。强人所难不好，勉为其难更不好，女人要斤两自知，能做到的事努力做到，做不到的事早早放弃，如此方可减少疲惫感、失败感、抓狂感。

当然，光女人"允许自己没出息"还很难过关（过男人吹毛求疵的关）。当下男人是很不知趣也很不识相的一拨雄性。解放前女人少有工作的，她们在家做不领薪水的服务员，那时的女人因没地位被男人呵斥和忽略，还都好理解，现如今的男人竟然还敢沿用七八十年前的老眼光，看待女人在家的奉献"都是应该的"，"谁让你是女人？"试问谁该伺候谁啊？女人是吃你的喝你的穿你的了？拜托，你要不是往家哗哗搂钱的主儿，你要不能让女人穿金戴银住别墅坐宝马，你就老老实实和女人一起上班挣口粮下班做家务吧！千万别幻想一头土驴还要配上金缕玉衣的待遇，等你什么时候有机会变成能呼风唤雨撒豆成兵的大爷了，你什么时候才有资格被家里的女人当神供着。同理，女人自己也要这么看问题：我平庸，没问题，我男人也平庸，那么我们就是门当户对的，我就用不着低三下四地去伺候他讨好他，他是爷们儿，他不用女人宠就已然够骄傲了，我先爱爱自己疼疼自己好了。

其实，做平庸的女人没什么不好，就怕平庸女人或平庸女人的男人都有一颗不平庸的野心。那叫自不量力，懂不？

相爱必须是前提

很多妞在择偶时都要看男方的各种条件，从经济基础到个人素质，从家庭负担到事业前景，比世界 500 强企业招聘员工还严肃严谨严格。考核方方面面就为挑个如意郎君，功夫下得那叫一个深，那叫一个狠，铁杵成针后她们果真有机会收获潜力股绩优股，但她们就是忘了一件事儿：优秀人才不等于好配偶。男精英不爱你的话，你的婚姻依然会瑟瑟成秋冬的芦苇，要多哀婉有多哀婉。

所以某顺总强调相爱是两个人在一起的基础。如果这个男人不爱你，或者他爱你没有你爱他多的话，就算他是太子王储富豪，你都不要轻易把自己的半生幸福寄托于他。要知道，一个人不爱你，他就没法子对你好，哪怕他为了面子里子孩子票子等勉强对你好，他都会不时露出他难以控制的你也难以接受的冷漠和疏远。而且，他一旦缺乏跟你相亲相爱共度美好时光的往昔记忆，他就很容易被

相爱必须是互相的投契、互相的深陷、互相的挚爱、互相的包容。

突然走近他的任何一个妞掳去——离婚痛快的男人，往往是早在小三出现前就和老婆没了情爱只剩名义关系的。都说爱情寿命短，很快会被亲情替代，但你也不能指望打头起你们就只有亲情没有爱情，你们又不具备真正的血缘关系。所谓亲情不过是夫妻关系平淡后变了质的爱情，他抛弃你之所以下不了手，除了孩子的牵扯，还有你们曾经甘苦与共的深厚交情迫使他不能随便放下你。所以，为了避免轻易离婚，你也得好生重视那个与你相爱的人，而不是谁条件好你就嫁给谁。

　　情感生活中，女人对男人的在意，要远远超过男人对女人的关注。找一个相爱的人陪你到老，远比找一个有钱有势的人来告别单身，要安全靠谱得多。很多女人都误会了"相爱"的概念，她们以为"他有娶我的心，我也不讨厌他"，这就是相爱了，这男人就该是她合适的配偶选择了。其实，相爱必须是互相的投契、互相的深陷、互相的挚爱、互相的包容。两个相爱的人不仅有说不完的话，还真是"一日不见如隔三秋"，更是不论发生什么事都彼此不撒手的坚韧和执着。他们有共同的人生理念，他们有一致的前进方向，他们在对方眼里永远是最好最美的那个异性，是唯一能让他们想娶想嫁想生活在一起的人。他们原谅对方的一切过失、支持对方的所有梦想，为此被人嘲笑被人非议都在所不惜。他们舍得为对方付出，他们不懊悔为对方所做的牺牲，哪怕想要的结果远在天边，他们也乐意在前景并不明媚的当下尽量让爱人享受到被爱的快乐——别说这样的爱情人间少有，你没耐着性子去找爱，你碰上个差强人意的异性就赶紧作茧自缚变成他的伴儿了，你哪还有机会去邂逅真正的爱情和真正与你相爱的人？

爱情真的有，相爱也真的不是妄想，只要天遂人愿让你遇见那个人，你们肯定就会有不寻常的情爱体验。当然，老天爷也经常作弄人，逼有情人分道扬镳也是他擅长做的事儿。但想想那些曾经缠绵、曾经甜蜜得发慌的日子，找爱人仍然比找对象重要。是的，某顺这里要告诉你的是，**即便爱情最后落空，你依然要以"爱情是婚姻的基石"为原则去寻找婚姻伴侣**。天长地久是难得，一朝拥有时你也不能随便对待，以免让自己的婚姻成为对方时刻想逃离的牢笼——互相不爱的人、你爱他而他不爱你的人，以及他爱你而你不爱他的人，这样的人凑成的婚姻搭子是世界上最烂的牌局。只有应付和算计，没有配合和让步的对象，怎么可能给你温馨的情感生活？怎么能使你长久、踏实地依偎在对方的怀抱里？不管明天爱不爱，今天我们相爱，我们就得好好爱，不然等我们失去爱或无力爱时，都会深切地悔不当初。

另外，相爱原则不仅要确保在择偶过程中，还得贯彻到寻爱之路上。即便不打算成为夫妻，只想做自由的伴侣，互动良好的感情，有来有往的表达，也必须坚持。若一方始终热情高涨，另一方则始终带搭不理的，这指定不是相爱，而是错爱，错爱会让至少一方受伤受困其中，所以某顺也一直在强调：相爱是必须的，没有相爱，不如不爱；做夫妻，我们要相爱，做情人，我们更要相爱。

CHAPTER 2

相爱容易相处难

选男人也好，恋爱也好，
都只能做对的事，
而不是你想做的任何事。

泼妇也要有智商

　　众所周知，一个女人要是被冠以泼妇之称谓，就相当于一个男人被公布是阳痿。"泼妇"的爆破力足以让男人却步，让女人胆寒。从汉朝的吕雉，到晋朝的贾南风，再到唐朝房玄龄的老婆，再到北宋陈季常的老婆，再到明朝戚继光的老婆，再到现代胡适的老婆，您看历朝历代都不缺泼妇，是不是？其实，女人泼辣不完全是坏事，一般泼辣的人也都利索，说一不二，不黏糊不纠缠，干脆率真。然而，女人一旦泼到天不怕地不怕，辣到想什么是什么的地步，那就让人敬畏了。（敬畏她的男人只有一个，敬畏她的女人恐怕会有一群。）

　　不过，做泼妇并不可耻。因为世界再大，对中国女人而言，只要一个男人和一个家就足够。既然做泼妇只让那一个男人敬畏，某些女人以为这也好啊，便于管理，那老娘我继续泼下去又何妨？的确，很多泼妇系男人培养的：这厮要是油瓶倒了也不扶，或贪玩到鸡不叫不回家，或天天抖骚犯贱勾搭女人，再绵软的老婆也会被他气到肝火旺盛心肺衰竭，还能对这厮有多好的态度？越斗争越骁勇，最后，一个任劳任怨的小媳妇就变成一头随时能发飙的悍虎了。因而某顺说，不少泼妇是男人造就的，或说我们的男权文化容易冶炼出泼妇，这一点你很难否认吧？当然，也不排除某些女人天生彪悍粗犷，性格使然，加之后天又遇不到能拿下她的武二兄弟，在婚前她就一野蛮女友，婚后更难摆脱唯我独尊的跋扈范儿了。

奴性强的国人一旦做了泼妇的男人，发发牢骚、絮叨下不满都是可能的，却不会有明确的起义或反抗。貌似泼妇的男人都精神阳痿，会像宫里的阉人敬畏主子一样，拿泼妇老婆当元始天尊供着，还美其名曰"为了和谐大局"。也确乎是为和谐大局，但男人真怕老婆的有几个？论体力论分量，女人都不是男人的对手，一个嘴巴时刻占上风的女人，真能拿住生来就有男权底和水性杨花性的男人么？我看**即便你是泼妇他是懦夫，也十有八九是他让你，是狡诈男装来哄泼妇你玩的**。不信你雇个侦探好好跟这厮俩月，找不着他的温柔红颜，那才叫奇了怪了。

讲到这里，不论你是泼妇还是懦夫，都该明白我的意思了吧？是的，某顺是在警告那些自以为把男人紧紧攥手心的伪泼妇们（真泼妇一定不是让男人表面敬畏的女人，只有伪泼妇才会满足于男人的低眉顺眼），千万别小看男人的反叛心，世上的男人都是真老虎。伪泼妇才是纸老虎，一戳就破，一破就怨，一怨就彻底没了自尊。女人啊，自负一点没关系，倘使自负到藐视男人的地步时，就离男人灭你不远了。

千万别小看男人的反叛心，世上的男人都是真老虎。

女人最怕光屁股

几年前，网上有一则关于"艾滋女"的新闻，最后证实，此女不仅没有艾滋病，那个曝光了279名"嫖客"电话的博客也不是她本人所为，而是她的前男友在与她分手后的疯狂泄愤。诽谤女人的男人最终受到法律的制裁，被判有期徒刑3年。某顺忍不住揣度了下法律漏洞：有些渣男要是听说诽谤他人无论后果如何都最多只坐3年牢，恐怕就有信心跟倒霉的当事人玩鱼死网破了。

也许每个人的人性中都有丑陋的一面，但能像"艾滋女"前男友那样丑陋到恶毒程度的人也不会太多，否则这个世界真是比动物世界还要可怕了。可惜无论地球的哪个角落，历史的哪个时期，我们都能见识到这种为了报复不择手段的丑角，他们很可怕，一旦招惹，后患无穷。假如女人爱上了这样的男人,就容易和"艾滋女"一样了,要么身败名裂,要么受尽欺凌,甚至性命不保。所以,如何避开凶蛮狠毒无耻的猥琐男,是"艾滋女们"的恋爱必修课。这一堂课由某顺义勇承担,希望一味痴情的女人都能听进心里去。

首先,女人找男人恋爱也好,做爱也好,都要先考核男人的性情与操守,不能抓个公的就当是世纪礼物,在对他还一无所知或了解甚少时便赶紧贴上去。女人永远要记住,**男人的人品决定了他在处理和你的关系时的态度,人品好点的男人,就算不爱你了、要离开你了,也不忍心伤害你,更不可能敲诈你。**反之,品质恶劣的雄性动物,会无限放大他的进攻和独霸意识,你想主动离开他?没门儿!那是侮辱他,他咋能饶得了你?你不想被他抛弃?没门儿!那是藐视他,他咋能由女人摆布?因此,找个性情好点的品质可靠的男人,是女人靠近幸福的第一步。

其次,不管是已嫁他还是恋爱中,再情投意合,你都不能同意光屁股留影。男人怎么拍都无所谓,男人脸皮厚,就算有朝一日成为招贴画糊满人间,他也不会为此伤感的,不信请看冠希兄弟。同样是光屁股,另两位女主角一夜间由玉女变成欲女,从此走到哪儿都要接受人们的眼球意淫,这就是女人拍床照的后果。你自恋完全可以照镜子嘛,卧室浴室都挂满镜子也没事,但就是不能留下影像资料,否则一旦照片视频流传出去,再被坏人利用,你也会走哪儿都被人家喊鲍鱼或蝴蝶了。这个世界是男人的世界,女人要学会保

护自己，尤其是要保护自己的性隐私，如此才能获得你想要的安静
生活。

　　最后一点，依旧是老生常谈：未婚女不要勾搭已婚男。其实，很
多做了小三的未婚女，连"艾滋女"的运气都不如，人家这位前男
友至少是想跟她在一起才纠结出这么大的动静来，而我接到的很多
未婚小三的倾诉信，都是她放不下有妇之夫，非要缠着有家室的已
婚男要婚姻，最后才搞得自己人不像人鬼不像鬼。不管谁缠谁，未
婚女都要记住，天下并非就他一个男人，天下更不是就他一个男人
有出息，你若只有抢别人的男人的份儿，说明你已经一钱不值了。
值钱的女人被男人抢，不值钱的女人抢男人（还是别人吃剩的馍），
纵然这男人给你抢过来，你在旁人眼里也是跌停股。一个一钱不值
的女人还会有未来么？你想想。

　　女人怕男人不认真待自己，女人也怕男人待自己太较真儿，女
人更怕自己被男人当玩偶来戏耍欺侮。因而，控制冲动，是女人最
该恪守的原则。曾经有个妞告诉某顺，她从小被爸爸教育"只做对
的事"。某顺深以为然，选男人也好，恋爱也好，都只能做对的事，
而不是你想做的任何事。太感性，脑子一热就痴狂到没了谱，**男人
要啥就给啥，男人说啥就信啥，这才是某些女人被男人所害的主要
原因**。我说她们活该，你可能要骂我冷血，但事实是真活该，比如"艾
滋女"，那些床照总是真的，和已婚男同居的历史也是真的——有了
这点真，什么假能不被一心灭你的坏男人制造并放大出来？

值钱的女人被男人抢,不值钱的女人抢男人。

拿钱证明你爱他

经常有读者问："此男不缺钱，对他自己很大方，对我却一毛不拔……我能相信他爱我么？"某顺的回答都是否定的：爱你的人肯定舍得为你花钱，因为他快乐着你的快乐、幸福着你的幸福。可某顺的一个男闺蜜不认同此说法（此闺蜜身家千万也不止），他说，他那个圈子里的男人，都以买女人的欢颜为耻，他的哥们儿都认为珍贵的女人不能用钱买，"一给钱，她就贬值啦"。

俺信"给钱就有价"的说法，可这价到底是贬了还是增了，值得商榷。比如此男闺蜜就养着一特会烧钱的小女友，若他不给人钱花，那妞早随其他男人去了。这里不是指责谁笑话谁的问题，而是要大家明白一件事：你若有钱，且是完全能自主支配的钱，却不肯让你的爱人分享丁点儿你的钱，人家既然要自立自顾到完全忽视你的存在，就不如上街淘个有块烤红薯也让人家先吃的流浪汉谈情说爱了——无私有私，一目了然，你不能把你不爱人家的行为，美化成你在帮人家自我奋斗。不想给就是不想给，只能说明你认为她没有资格花你的钱，而不能说人家有花你钱的心思就是意图卖淫。还有人说，"能拿钱买到的人，都不值得珍惜"，这话也得折中听，比如，小钱只能买到妓女，大钱能买到明星，现在你告诉我，你会珍惜妓女还是明星？

上面其实是在帮女人和男人都辨清一件事：谁是你爱的人，你又是谁爱的人。**对你倾其所有的人，肯定是爱你的；你不想为之付出分毫的人，肯定不是你爱的人。**过去某顺写过两篇文章，分别是《跟你爱的男人要》和《跟爱你的男人要》，说的都是如何判断男人是真啬皮还是假情意。真啬皮可以原谅，他对自己都那样，对你岂能大方得了，你要是受不了他这套，完全可以绕道走，而不该声讨人家，毕竟啬皮是人家认识你之前就拥有的传统美德，不好改。但假情意的男人是断断不能要的，理由忒简单了：连钱都不舍得给你，他还舍得给你什么？家庭、名分、爱情，这些可都比钱珍贵，他当然更不舍得给你了……若你从他那儿连根草都得不着，你咋敢信他会给你整个世界呢？

在力所能及的前提下，不论男女，只要你爱 TA、真心真意地爱，你都不该计较为 TA 付出。因为我们爱一个人，就是想这个人因我们更舒坦更满足更顺利。替爱人减压，帮爱人得到心中想，这有什么不对的？拜托，少喊口号多做事，你爱 TA，就拿钱示爱吧！就拿钱证明你爱 TA。钱是试金石，百试不爽，很多人连小钱都不舍得给爱人花，却敢自称最爱 TA、愿意为 TA 赴汤蹈火——没人叫你上刀山下火海，就让你的爱人享受下你的物质，成不成？做人千万要诚实，别抠抠索索着还装大方、装有层次，也就个别欲望强烈的女人会被你哄，你哄不了其他人的。

另外，如果你打算给 TA 花钱，就不要指望用钱买 TA 的俯首帖耳，否则钱一花完你就崩溃。你应该明白，这些钱只是你的心意，而非你的绑票。爱人需你接济，你支援 TA 也得是心甘情愿，不能这边借钱给 TA，那边还盘算你投入了多少、会不会血本无归，更不能要报酬要利息，这会否定你帮 TA 的实质，TA 就算再大气，也会介意你对钱的计较，从而判断出你不可靠的人品，你何苦掏钱给自己涂花脸呢？还是那句话，拿钱证明你爱 TA 吧！不论男女。

我们爱一个人，就是想这个人因我们更舒坦、更满足、更顺利。

给爱穿上不锈钢

经常有妞哀号，说"不懂那样爱我的一个人怎么说变就变了"，说"当初他对我要多好有多好，现在他判若两人要多狠有多狠"，说"怕离开他就再也找不着我这么喜欢的人了"……某顺每次听罢都忍不住想骂想笑想喘气。骂是见不得女人如此没出息，天下又不是就他一个坏蛋，何至于困死在一个男人的脚下？笑是实在觉得好玩，有些女人咋就那么自信地认定自己该被男人长久珍藏呢？喘气是因为咱让脑残们直接放翻了：你爱他而他不爱你，你不放手又能咋地？你斗他斗自己都可以，但你斗得过天意么？

爱情是什么，科学家说了，爱情是由多巴胺、苯乙胺和催产素三种化学物质激发出来的亢奋态，这种很形而上的东西在体内生成后，人朝思暮想，心有灵犀，坐卧不宁，情意绵绵，湿润澎湃……但一般 18 至 30 个月后，肌体形成不可逆转的抗体，你对这个人的性欲会随着抗体产生而渐渐消亡，爱情也随之无影无踪。有些人口口声声始终爱一直爱永远爱，那可不是他的真心实意，而是他已然习惯了有对方的生活。**他以为自己很爱那个人，其实他爱的是有那个人存在的现状，这叫"爱习惯"，不叫"爱永恒"，因为没永恒，只有相对存在、一时辉煌。**

男人对爱情的认识向来比女人清晰，大概是生理基础决定的，男人的理性总是超越女人。男人床上的高潮时间很短，床下的迷糊时间也很短。男人知道不欺骗自己的心，喜欢这个女人时，就可劲儿追她，在她身上一掷千金，为她做一切都心甘情愿、不计成本；等追到她了，享受过鱼水之欢了，心满意足了，或食不甘味了，男人就发现自己对她的性激素开始颓败，比潮水还有节奏地迅速远去了。萧条后的男人才懒得硬充好汉呢，他袒露本心本性本能，不再装，也不再勉强，更不再哄你。

而女人总想把 18 个月的事情延绵到 18 年，甚至要多长久就有多长久，哪怕明知自己对他早没兴致了，还是不能接受他的诚实：他变心也好，出轨也好，冷漠也好，真的只是因为他体内激素对你都不再有应激反应了。当然，女人这么难缠也不全是依赖的天性，同样和生理基础有关。女人花期短，说败就败，从嫩豆腐到豆腐渣，往往只是眨眼工夫。现实叫女人很担心，生怕花期过后更拦不下一

　　女人花期短，说败就败，从嫩豆腐到豆腐渣，往往只是眨眼工夫。

个男人了，有了此等居安思危的意识，女人不由自主地就要保护她鲜嫩时的战利品，尽管这男人对自己已今非昔比，她还是想维持，努力维持，拼命维持。可是，男人不买账，女人的委曲求全只能是白付出，是男人甩不脱的负担。

相爱之初我们曾许诺永不欺骗对方的感情，可现在，他的爱能表达，他的不爱却不让表达了，他怎能痛快？他不痛快又怎能善待你，你得不到善待也没了多巴胺的安抚，你又怎能饶恕他？所以，别说男人给了你种种的不幸，男人害你浪费青春糟践美色，唉，这么说吧，幸亏有他，你最好的时光才不至于没人欣赏——不是么？男人遍地是，当初你何以非他不可，不就是他最靠近你？**过去你付出是因为你爱，过去他对你好也是因为他爱，现在他做不到继续对你好，你也可以放弃对他的付出。**前面的交情是互换对等的，后面的对局是自愿自觉的，你舍不得过去、你要纠结到将来，那都是你的事，和他的狠心无关。他不爱你了，对你没一点性冲动时还要假装缺你不成，这可太有难度了——得多深厚的道行才能装得出来？

希望套牢男人的想法，可以理解，可以努力，但不可预期。我们真的无法预测世界转角有什么，假如离开他就能遇见爱呢，假如能够让我们自己身上的激素齐齐放电的那个人立刻就出现了呢？不要轻易自诩贞操高洁，也不要随便否认配偶的新爱情，没办法，戏是一幕幕的，人生是很多幕组成的，幻想给爱穿上不锈钢，愿望挺美好，只可惜要因人而异，要看天吃饭。

低调那啥高调婚

美国心理学博士约翰·格雷说：男人女人来自不同的星球，有不同的思维方式和语言结构，所以男人很难理解女人、女人也很难理解男人，也所以男人女人有沟通障碍是正常的、沟通没障碍才奇了怪了，还所以男人女人如果克服了沟通障碍就能互相嗨了，更所以某顺这样的婚恋专家就是沟通男女的桥梁，你们必须一定得重视我。（最后一个"所以"是某顺的一厢情愿，但绝对是格雷博士疏忽掉的。）

搞这样一个不着调的开头，其实是想告诉大家一个道理：有些事可为，有些事不可为，你必须分清什么可为、什么不可为，否则，异性不理解你，同性也不支持你。诸如很多女人一搞对象便像揣了热山芋，不拿出来对外抖擞，就好像对不起自己的那股劲儿，也类似于某顺一厢情愿的自诩自夸和自我肯定。某顺的作用是否等同于桥梁，不是某顺自己能断言的，你和你男人能不能幸福到永远，也不是你本人可决定的，因此，嗯，这回我们不所以了，因此我们做事不可嘚瑟，以免予人笑柄，断了自己的后路。

网上流行一句话，说"低调做人，高调做事"。某顺反对。做人低调是应当的，**做事更要低调，你若不低调，一旦此事做不成，丢你人现你眼还在其次，主要是会影响你以后做事的自信和他信。**咱还拿搞对象这事举例。有些女人很搞笑，像是上辈子在尼姑庵憋屈了一世，这辈子见着个男人立马就和人家好上了不说，还把她那个兴奋那个喜悦那个得意，都走哪儿亮到哪儿，生怕旁人不知道她有亲爱的了。同居的事儿、男人家的底儿、她对男人的腻歪、男人对她的撩骚，都暴露给亲朋好友同事同学，貌似她的世界除了这男人就没别人了。感情专注本身没什么不好，但你不能对外说，不能乱抖搂，你得考虑一旦分手，这家喻户晓的阵势，如何收场？

你不能总指望人们的宽容能忽略掉你和他的那些过去，咱毕竟是一个传统的社会，传统社会的特点就是"充分幻想＋合理推测＝真相大白"，即便你没睡，人家看你们勾肩搭背人前人后地亲昵，都能推理出你为他打胎几次的可能，何况你还大鸣大放地和他住一起呢——除非你将来能找着鬼佬不在乎你的高调你的历史了，不然，光一个处女膜问题，你就能为难 N 天。你可以恋爱可以同居可以做爱可以高潮迭起，但快感能掖着就掖着，得意能捂着就捂着，隐私

快感能掖着就掖着，得意能捂着就捂着，隐私能盖着就盖着。

能盖着就盖着，咱不给人看不让人分享，成不？咱要偷着乐，懂不？在注册结婚正式婚礼前招摇你的性福、嘚瑟你的情事，一旦天上掉秤砣砸着你、男人突然移情别恋时，你的痛苦就会因为围观者众多而无以解脱了。

恋爱也好，相好胡搞也好，都要低调，这是安全需要。但结婚这事不可低调到秘而不宣。婚姻制度一般是不会让你钻空子的，你休想这省登记了那省还冒充处女继续风光，天下还没有一个谎是永远不透光的。你必须告诉所有认识你和他的人，你和他成了法定夫妻，如此，一可避免旁人误会你的作风问题，二能把一些觊觎你男人的女人都堵门外去。有些男人为左搂右抱、为打发家人，哄女人偷着领证也不让公开关系，这是很危险的，你还不如把他直接送给其他女人，因为他打和你领证的那一刻起，就准备好了偷人和随时与你拜拜。结婚是一件正大光明的事儿，犹如跑道上的终点线，别人可能看不见你中途的姿势，但别人都能看见你撞线——这就是重点。前面一路你再会吆喝、再能吸引眼球，又有啥用呢？

最后，说点让某些姑娘婆娘不高兴的话：大家都有男人，大家都上过床，大家都知道性欲是个啥东西，您高兴您爽，我们都相信都祝福，只是希望您也悠着点，没进城的时候别四处嘚瑟，进了城后也要学着含蓄点，毕竟您经历的大家都经历过，没啥好激动的不是？比谁的男人更无耻，没意思；比谁的男人更出色，也没意思。未来啥样，还真模糊不清呢，如今不如假装没什么、很一般得了，您说是不？

过年就是过情关

历来节假日都是考验情感的试金石：相好的两个人都爱赶节假日凑堆、亲近——时间宽裕嘛，腻歪充分嘛。凑不成堆的，要么是客观限制，要么是主观放弃，前者无可奈何，后者故意破坏。于是乎，情人们的关系在节日里被炙烤得滋啦冒油，有节日一完就因思念爆棚而飞奔到一起的，也有节日没完便为爱恨情仇在拼命飙泪诉苦的。

拿春节来说，我们的传统观念是回家过年，旧历年的重要日子是腊月三十和正月初一，这两天人们都回自己家了，只有法定夫妻和社会承认的准伴侣才适合一起过年，你一般没资格也叫不动 TA 去你家，TA 一般不合适也不方便请你去 TA 家，毕竟"名不正言不顺"，是我们这个社会最看重的。所以，对于关系尚未明确或不能公开关系的男女来说，过年就成了一个大情关：对方肯不肯跟你一起过年，回 TA 家或回你家或去外地都可，但 TA 都反对，就是不想和你一起过年时，那就昭示着一个答案：TA 目前还没认定你。

这答案显然是很伤人的，不过更伤人的不是答案，而是你的应对措施。是顺从习俗适应传统、理解 TA 原谅 TA，还是顶牛上线到憎恨 TA 对 TA 失望？窃以为前者更聪明一点，毕竟对方介意公示你们的关系，就说明时机尚不成熟。**"水到渠成"这个成语是永远要推崇的，太多陷入情关的男女喜欢拔苗助长，而不能坦然接受发展的过程——尤其是女人，**恨不能把情事的所有步骤一天都走完了，对方一不遂她的愿，立刻就怀疑对方的诚意，立刻就泄气颓废到想放弃了。

某顺想对这些喜欢加速度的妞说：你慌什么，你为什么不肯享受最美妙的恋爱时光，却急着和他敲定关系、要做他的家人？你见过几个男人能待他老婆如他热恋的女友的？为什么不抓着这厮做你永远的体贴男友，而是迫切地想把自己变成他晾在家里的黄脸婆呢？不懂女人为什么算计男人时，总是误差这么大，貌似准星都彻底错乱了。唉，想念一个人的确很累，还很容易痛，因此，让自己心态平和、不强求结果，就能避免很多情伤了，尤其是能放淡对不肯不能不想不愿和你一起过节的情人的仇恨。

情关难过，是难以过去，也是真的难过，你可以根据情人在节假日的表现，来判断 TA 对你的情谊。某顺总结了几条，欢迎各位继续补充——

1. 都是单身，TA 也始终不肯和你过传统节日，不想和你公开亮

对多数男人来说，亲人比女人重要；对多数女人来说，男人比亲人重要。

相干你和 TA 的亲友间的，说明 TA 是不婚主义者，你要是一心找老婆老公的，就可以绕开 TA 了。

2. 同意去见你父母，但去你家前强调各种理由而不带贵重礼物，等你上 TA 家时却一再提醒你 TA 爹妈需要什么的，TA 是个升级版的自私小人，你也该绕道了。

3. 如果 TA 有家有配偶,回家顾不上发短信打电话问候你关心你，这都是可以原谅的，但你不能原谅 TA 认为 TA 所做的一切都没有错的想法，欠你的就是欠你的。

4. 一个过年期间和你彻底断了联系的人，过年后再体贴再热烈，你都不要相信 TA 是真爱你，爱你的人脑子里时刻都有你，不会眼前人一多就完全忘了你是谁。

5. 想和你一起过年的人，一定是真心在意你的；不想和你一起过年的人，不一定是不在意你，这要看 TA 心里的那杆秤：亲人重要还是你重要？对多数男人来说，亲人比女人重要；对多数女人来说，男人比亲人重要。

6. 可以用春节这个情关考核爱人对你的情谊，但不可拿春节这个情关套现所有的人际交往。人活着，是很容易委屈自己的，也是很容易过分满足私欲的。

7. 随着习俗的洋化成分越来越多，可能会有越来越多的人不在意春节，甚至不在意任何节日。若是遇到这种人，你就别拿 TA 节假日的表现当作判断什么的依据了。若是连你自己都不在意，那这个年关也就算不得情关。

到谁妈家过春节

结婚后的男女还面临一个问题：两人都是独生子，该去谁妈家过年节呢？按说不管是不是独生子女，到谁家过年都不该成为有争议的事儿，爱去谁家去谁家呗。可惜咱国夫权历史悠久，女人只要嫁出去，她父母的家就遥远成"娘家"了，传统习俗讲究过年要一家团聚，女人既然已属夫家人，就该在夫家过年。这习俗这传统，国人都接受，而且为了体恤养姑娘的人家，还在一些节假日的中后期给娘家设置了专门省亲日，比如农历正月初二、正月十六，还有八月十六等，以使有闺女的人家不至于太心酸。只是如今时代不同了，男女嫁娶上已然和过去有了巨大区别，过去只做内务内勤伸手等男人给粮草的女人，现在和男人一起挣钱一起养家一起供房，甚至嫁妆远超男方娶媳妇的花费，这时你还要求女人做传统妇女，节假日依然以婆家为家，就算婆娘自己不说啥，男人你好意思么？

夫妻关系要想协调，就得多替对方着想，即便是民情民俗决定

叫媳妇自己回她娘家过节，这才是睦邻友好的态度嘛。

了媳妇嫁入婆家就得夫唱妇随、就要嫁鸡随鸡嫁狗随狗嫁他随他了，但想想媳妇的爹妈对你不薄，人呕心沥血养大姑娘就送去你家做牛做马了……而且，咱不看丈人面儿也要看丈人给的那些钱财的面儿，总该在节假日显摆下亲善友好的姿态和博大厚道的胸怀吧？主动向丈人示好示亲，以此讨好和安抚媳妇，这事关夫妻团结，也影响两家友好。其实丈人也是男人，他会支持并理解你把他女儿培养为夫权思想的模范的，所以平时你使着人家的女儿、得着人家的物资支援，要是聪明点呢，你就该主动跟你自己的爹妈说好：平时我们都在您二老前躬身伺候，节假日我们去她爹妈那边装装样子，省得她爹妈心里不爽、以为吃亏……不管你爹妈乐意与否，你都要有"这事儿就得这么办"的决绝，才能让媳妇对你死心塌地。即使做不到逢年节都去丈人家，也得争取一家一年轮流"坐庄"，或叫媳妇自己回她娘家过节，这才是睦邻友好的态度嘛。

男女不平等的待遇，是很多婚姻关系恶化的主因，你又不准备换媳妇，你也不能保证换个媳妇就能对你言听计从，何不在去谁家过年节这等不存在大是大非的小事儿上让让步，哄哄你媳妇、抬抬你丈人家呢？其实国产女人再革命再强悍再女权，也不会否认男人的主导作用，从生理到心理，国产女人都无法卸除对男人的依赖和顺从。看在女人平时为家庭为孩子为男人你都鞠躬尽瘁死而后已的表现上，脑子没生锈的男人也该体恤下女人的情绪，帮她实现与自己爹妈亲密接触的梦想。设身处地想，若你自己的女儿长大了就再也不能回来陪你过个年，你能好受么？做人就需要时时将心比心、处处推己及人，不然，你总想着你家你父母，总想霸占你媳妇的所有时间和体力，那你媳妇的父母谁来照顾？你媳妇的亲情怎么实现？

　　其实某顺以为最好的过年过节办法是，各回各家各找各妈。说穿了，自己的孩子也只有自己最惦记，**世上有几个妈会没事干了净想人家的孩子啊，婆婆如此，丈母娘也如此，所以，各回各家各找各妈最人道，也最理智**。有些婆婆公公爸爸妈妈比较脑残，总想要子孙满堂合家欢的隆重场面，为儿子举家回来过年，从进腊月门就开始了准备工作，到处采买，洗洗涮涮，不惜工本体力，后来小的们都如愿回来了，可老的再怎么奉献伺候，媳妇也不觉得这比她妈家更舒坦，为什么？你家明明就不是人家的家嘛，人家当然不习惯了。你辛辛苦苦忙碌个把月，搞不好为一点儿小事就能形成新的矛盾，何苦来哉？哪如就叫自己的孩子回来，何至于把隔一层肚皮的媳妇也叫回来？不如随他们乐意，爱去哪儿去哪儿，媳妇愿来，咱欢迎，不愿来也正好，少个人咱少受些累，何乐而不为？

　　到谁家过年和要谁来家过年，看似简单，实质上能有一个皆大欢喜的决定，也跟一家之主的智商和见识有关。尊重配偶、互相体贴、彼此成全、理解亲家，才能叫"上哪儿过年"不再成为很多新老夫妻的闹心事。平时多跟父母联系，多关心父母，都好过到了年节时以"集中扫荡"的形式来尽孝；做公婆及岳丈岳母的老年同志们，也不要把媳妇女婿不肯随你儿你闺女来你家过年，当成人家故意忤逆你们与你们疏远。老人家也都扪心自问下，你到底想的是你的儿女还是人家的儿女？既然你想的也不是人家，何不让人家去跟亲爹妈团聚呢？都有子女，都有娘亲，何必做鲠着人家的牙眼还不许人家不满的事儿呢？尤其是老传统老思想要扔掉了，过去你们夫唱妇随，都是你们乐意的，也是那时代的大流；现在谁随谁要看经济地位了，还要看人小两口的感情基础，搞不好就是妇唱夫随，你家儿子八成很难做得了媳妇的主，你还硬要媳妇回来过年节，人家能买你账才怪。

最后补充一点，不论男女老少，不管有无自主权，多半都乐意"各回各家各找各妈"或"两边轮流"。可见新的民俗正在形成中，与时俱进的平等观念也正在一点点地被老少爷们儿接受，此信号昭示新时期的两性关系中，尊重妇女开始从细节上体现。

当优点变成缺点

俗话说"情人眼里出西施",某顺说"仇人眼里出恶霸",其实说的都是一回事儿:你喜欢这个人时,他的一切皆让你满意,横看竖看都喜欢;当你不喜欢他时,他的一切都让你厌烦,横看竖看都讨厌——主观会影响人的判断力,而我们又没法做到完全的客观和公允,尤其是在男女问题上,因为爱和不爱的前提,会产生截然相反的认识。举例说明同一件事在不同对象眼里的区别:

热恋时,男人看女人:

1. 她内向话少——她稳重内敛不轻佻;
2. 她温和听话——她懂事明理脾气好;

3．她纤细瘦弱——她身材好，有姑娘样子；

4．她不善家务——她从小被家人疼爱，我要更好地照顾她；

5．她相貌一般、胸部小——她又不是做特殊行业的，要那么大波和那么漂亮干吗；

6．她家境一般、没后台也没能力——这样的女人才好管理呢；

7．她收入低、很节约——会过日子就好，况且我又不要女人养；

8．她有很多异性朋友——她很有魅力，我绝对不能输给其他男人，一定要把她夺过来；

9．她依赖性强、动不动就哭——她小鸟依人，她很爱我，没我她真的不能活了；

10．她脾气坏、性子急——她的心还是很好的，就是刀子嘴豆腐心；

…… ……

厌倦时，男人看女人：

1．她内向话少——她呆板乏味、毫无生趣；

2．她温和听话——她缺乏自我、人云亦云，毫无个性；

3．她纤细瘦弱——一点手感也没有，一副养不活的样子；

4．她不善家务——难道要我一个大老爷们伺候她一辈子么？！

5．她相貌一般、胸部小——没女人特征，碰都不想碰她；

6．她家境一般、没后台也没能力——要啥没啥的庸人一个，我肯要她是她祖坟冒了青烟；

7．她收入低、很节约——就知道攒钱，难道富翁是攒出来的？小市民，没见识；

8．她有很多异性朋友——风骚轻浮，要么已经给我戴了绿帽子，要么正在给我戴绿帽子；

9．她依赖性强、动不动就哭——找她算我倒霉，一点她的光也沾不上，还被她拖累死；

10．她脾气坏、性子急——母老虎一个，一点女人味儿也没有，我备受折磨，痛苦死了；

…… ……

热恋时，女人看男人：

1．他高大英俊——跟他在一起我很满足，很骄傲；

2．他交友广泛——他讲义气、社交能力强，跟他一准有好日子过；

3．他出身农村——他靠自己打天下，我看好他的未来，愿意和他同甘共苦；

4．他是宅男——他恋家顾家，老实本分，是个靠得住的男人；

5．他抽烟喝酒——他有爷们气质，很 MAN，很有味儿；

6．他出手大方不吝啬——他爱我，舍得为我付出；

7．他脾气暴躁，一说就急——他刚直不阿，说话不会拐弯，很坦白很真实；

8．他脾气绵软，什么事都不着急——他稳健，安全，他是我的镇静药、安神剂；

爱和不爱的前提，会产生截然相反的认识。

9．他忙得顾不上约会——他事业有成，他在为我们的美好明天拼搏着努力着；

10．他木讷笨拙没女人缘——他不会抛弃我，和他结婚一定白头到老；

…… ……

厌倦时，女人看男人：

1．他高大英俊——男人又不是靠脸吃饭的，挣不来钱又卖不出钱，有啥用他？

2．他交友广泛——他始终不知道家和我的重要性，朋友一招呼就跑，我还不如做他的朋友；

3．他出身农村——凤凰男，一身改不了的毛病，尤其是愚孝；还目光短浅、特大男子主义；

4．他是宅男——没出息，一爷们整天猫在家里，除了上网就是看球赛，他这辈子算是没戏了；

5．他抽烟喝酒——好毛病没一个，坏毛病一大筐，他当自己是谁呀？把孩子的奶粉钱都抽掉喝光了；

6．他出手大方不吝啬——不会过日子，败家子，对家不负责、对未来没规划；

7．他脾气暴躁，一说就急——受够了他的驴脾气，我现在装聋作哑，当他是空气；

8．他脾气绵软，什么事都不着急——男人活到他这境界就太可悲了，做不了一家之主，不能为妇孺遮风避雨，要他何用？

9. 他忙得顾不上约会——他心里只有他的工作他的事，问题是我并不需要他挣多少钱，我就想两个人亲亲热热、天天都能在一起，他还是心里没我；

10. 他木讷笨拙没女人缘——怪不得女人们都不屑勾搭他，他无聊乏味成这个样子，谁跟他谁就能憋死、闷死；算我倒霉，摊上个这样一个倭瓜男人；

…… ……

上述各例，别说你没见过。同样的人和同样的事，在不同视角和不同心情的人那里，体现的境界绝对别有洞天。鉴于此，希望男人和女人都能以寻常心、旁人眼，来看待你的配偶和你的生活状态，否则，真是很难找着共同的 G 点。这也是某顺一再要求婆娘们忍耐的原因——这个男人的现在和过去其实没甚区别，区别只在于你的要求改了。既如此，那就不是他一人的错了，你就必须承担你的错。买单一词用在这里很准确：咱不能总做宾客，咱要试着做主人，为自己的过去和未来买单。

小辫子越揪越粗

　　某妞恋爱了，对象和她各方面都协调，但就是有前科：他与前女友同居过很久。一般人都知道保护隐私，可也有些人会以为，"过去的事儿都发生在认识你之前，就算有过刻骨铭心，也不存在对不起你的问题"，因此他能很坦诚地交代过往，能说的都说了，包括曾经的深情和现在的平静。他想，我已经把自己交给现任了，那个早已成为历史遗迹的前任，从此与我无关了。

　　可是说者放下了，听者却放不下了，某妞有事没事就想起他的前任。她比对自己跟那女人的照片，衡量她们间的所有区别，最后即便对比结果是自己从头到脚都强于他前任，她还是心生愤懑："这厮那么轻易地与人同居，且同居对象还是那样一个女人……是不是说明他饥不择食？他把最痴情的岁月都给了别人，还能剩多少爱留给我？"假设男人前任的条件要比她好很多，她的纠结就更难解开了，她会翻来覆去地想："他是不是被年轻貌美的姑娘甩了，就拿我当急救纱布用呢？他是不是看我就像个给他看门生娃的贱内？"

越合计越心慌，越琢磨越气馁，某妞很快变成了她假想情敌的刺客，每天用同一根针使劲戳她自己和男人。她问男人与前任相处时的各种细节，包括他前任的做爱习惯和三围尺寸，她都问了一遍又一遍。他嘴欠透露出曾经为前任洗过袜子，她就逼男人为她洗内裤来证明男人更爱她；他曾经给前任花过不少钱，她就把男人的收入全抓过来，要男人用实际行动证明他的心里现在只有她。然后她假装不经意地和男人聊过去，每每涉及男人的前任，她都会不着痕迹地评断，那女人欺骗了男人的感情，就算当初是男人辜负了人家，她也会把他前任定位在"人贱人哀"上。

"羡慕嫉妒恨"这词儿实在太生动了，它能把现任对前任的所有诋毁和不满都诠释清楚。**每一个做现任的女人其实心里都知道，他回不去了，他再也回不到从前了，可女人们还是妒火中烧，恨他把那么多次性爱都给了前任。**尽管她自己也明白"性爱不值钱"，可她还是以为"自己男人被人家提前用得差不多了"，哪怕男人再三地用体力财力精力向她保证，"过去别人得到的都没有你的零头多"，她还是以为自己吃亏了，亏在迟到上。做一个不知足的后任，远比做

做一个不知足的后任，远比做一个打头阵的前任要辛苦很多。

一个打头阵的前任要辛苦很多，主要辛苦在算计上，这算计来自汉民族根深蒂固的贞操观，更与人性中卑劣的占有欲和贪婪有关。

好在男人也明白，一般和他要"羡慕嫉妒恨"的，还是爱他的女人，多数是哄哄就能相安无事，还能因此给平静平凡的感情增加点小刺激，所以男人开始一直笑着忍着、哄着吓着。少数哄不了也吓不住的女人，她们老是揪着男人的小辫子不放手，揪紧了，男人头皮被揪痛了，就想夺路而逃了。经常有女人写信诉说男人因她揪辫子，最终"忍无可忍、揭竿而起、翻脸无情"。女人一再强调"是他自己不能和历史划清界限"，却忘了她们曾经多么爱纠缠、多么能找事，直到把男人的耐心全缠没了，把男人的火气也给撩起来了，男人头也不回地走远，她倒一唱三叹地反思个没完了。很多女人的智商永远低水平徘徊，不知看男人脸色，作起来就无法无天，最终让可能爱过她们的男人都逃之夭夭。

某顺常年梳马尾辫，因而知道头发扎起来长得快不说，还能提神。但若是始终被皮筋拽着头皮，那也不是一件舒服事儿。辫子绑在自己头上，只要不是太紧，谁都受得了，若因为辫子在别人头上，你就可劲儿拽人家的头发，可劲儿扯人家的头皮，人家一定会喊疼、会要求松绑的。因此姐告诉你，你可以给爱人绑辫子，但一定要轻轻绑，就当是为他造型，而不能借此惩罚他，更不能迷恋上揪人家的辫子，要知道辫子会越揪越粗，一旦粗到你一把抓不了，你就只能松手了。

投奔也要看资格

投奔是相爱的人最乐意做的事儿，要么我投奔你、要么我接受你的投奔。"如果不爱，谁会放下自己现有的一切，跋山涉水地去投奔对方呢？"——大家都这么想，都以为投奔是解决两地分隔的最好办法，也是认真相待的证明。但多数投奔最后都变了调，成了无言的结局，因为"相爱到老"始终是个梦想，如果我们没法让爱永恒，那么我们曾经为爱所做的付出，投奔或被投奔，扶持或被扶持，就像落幕后的剧场，寂寥且多余，黯淡且疏远。

先说说什么状况下才可以投奔吧！首先，必须一定保证在相爱前提下才能考虑要不要投奔，爱到非得在一起了，不到一起两个人就都会死翘翘了，或至少是分离让两人都食不甘味、夜不能寐了，投奔才算变成"不得已而为之"的大事件。其次,被投奔方能够很好地安置投奔方,假如被投奔方没能力帮助投奔方很快扎根并壮大,或缺乏博大宽厚的胸怀来容忍投奔方过度的依赖性,那投奔一般也只能是个悲剧。第三,投奔方为投奔所放弃的那些东西,包括亲友、环境、收入等,应当是他不看重的,他是个提得起放得下的人,不会出尔反尔、朝三暮四,更不会秋后算账、得寸进尺,他还得是个非常自强自尊的人,不幻想靠投奔来彻底提升或改观他的生活档次。第四,投奔不仅需要相爱,还需要相知,双方对投奔后将出现的各种状况都要有预先认识,并决心携手面对、一起应付,同甘共苦是投奔双方必备之心态,投奔或被投奔都是庄重无比的事儿,必须庄重无比地面对。

在搞清楚双方有无必要投奔和被投奔后,再来研究双方有无能耐投奔和被投奔吧。**现实永远比理想刻薄,商量投奔时必须考虑诸多现实问题的解决方案。**投奔本身是个大工程,需要一方完全放弃他习惯了的生活、工作氛围和亲友社交圈,舍身忘我地融入到一个他完全陌生的新世界,而且要保证信心百倍、不轻易颓废,否则主动投奔就成了被迫服役。另一方也得尽好"地主之谊",为投奔方过来后的就业生活提供种种帮扶支撑工作,需要为他个人打算后半生不说,还需要照顾他想念家人的情绪、想法子让他家人也过来团聚……如此大的安置和吞吐能量,不是每一个被投奔方都能胜任的,现实中也往往因为被投奔方只能勉强接纳一个人而不是一个家庭编队,才使得投奔方很快怨言满腹;投奔前再浓郁的感情也会因为需

投奔也得是三思而后行的重大举措，一般不能做，做了就得咬牙坚持到底。

要量和供应量不等而渐生悔意，直至悔不当初。同时，投奔方往往容易忽略弃旧迎新的成本，他一人为爱飘摇去他乡，扔下了那么多，和爱人真正生活没几天，就发觉自己曾经的舍弃有多么不值了，此时回头路已断，想不痛苦都难。

投奔之初的双方一般都会雄赳赳地认为，"从头开始生活"不算难事，又不是上刀山下火海，只要两个人感情好，一切麻烦都能迎刃而解。其实做感情移民，很容易使投奔方有失重感，令被投奔方压力陡增，当团聚的快感为彼此的遗憾和压力所笼罩时，大家都开始在心里犯嘀咕：这段投奔是不是我人生中最糟糕的一个项目？叫他来会不会成为我生命里最不该的一笔情债？多数情况下人们是只能够为自己负责的，我们承担不起别人的人生，更难为别人的幸福快乐去负责一辈子。尽管爱情发生时我们也想给予对方想要的一切，但美好愿望与我们的能力和运气都相差太多，为避免误人害己，更为不给自己找那么些麻烦事儿，投奔也得是三思而后行的重大举措，一般不能做，做了就得咬牙坚持到底。可是，现实生活中的投奔往往是一蹴而就、很想当然的，所以今天投奔了明天散伙了的案例时时有，也所以很多女人在投奔男人或被男人投奔后，非但感受不到爱了，反而为投奔所负累，更所以某顺从来都不支持投奔。除非你相当有本事，走哪儿都能靠自己吃饭，如此你才有资格投奔人家；除非你相当有本事，能替你爱的人及他家人都拓展出一个新世界，如此你才有资格接受人家投奔；除非你们眼前都没其他人选了，如此你们才有必要玩儿投奔与被投奔。

扫码分享电子版

记忆碎片随时删

　　痴情人最爱说的一句话是，"我忘不了、我舍不得、我放不下"；绝情人最善做的一件事是，转头即忘、该舍就舍、说放就放。痴情和绝情的差距为什么这么大？哦，因为有爱与没爱，人真是能表现出两种操守来。

　　你爱了，投入了，就忘着艰难、舍着痛苦、放着不甘；而没爱或少爱，不深陷，就容易转身、容易移情、容易放下。做那个忘不了、放不下、舍不得的人，显然不会舒坦，需要咬牙吞咽，需要挥刀自宫，还需要很长一段时间的自疗期，才能从情伤里慢慢走出，才能恢复自信和勇气去迎接下一段感情。相形之下，做绝情狠心寡义的人总要爽一些，他们只有何时转身、移情给谁的困扰，而无疗伤的艰涩。不爱就不会心疼，不爱就不会犹豫，不爱就不会抓狂，不爱就能潇洒走一回。我们平时都想潇洒来着，可是我们没办法保证任何时候、碰到任何人都能潇洒得起来，于是乎，总有人为我们的冰冷而伤心，我们也总为别人的残忍而流泪，伤人和被伤，基本上是扯平的。

糟践人家的痴情时我们都心狠手辣，自己的痴情被人家糟践时我们都心如刀绞。没有爱情时我们发誓"要珍惜眼前人，要善待爱我的人"，爱情驾临时我们蛮横地说"我可没叫他对我好，他怎样关我屁事"……的确，我爱你与你无关，他爱我也与我无关，然而，我和你、我和他、我们之间的种种交叉又迂回的关系，果真互相不搭么？老祖宗还说"百年修得同船渡"呢，为什么快速谢幕的恋爱后总有人能腆着脸说"你爱咋咋地"？他想爱的只是你，他想要的只是你，他如果真能"爱咋咋地"，你还能继续作壁上观么？私心和任性在这一刻无限暴露，只顾自己爽不爽，哪管旧人哭不哭。侥幸做了无情之人，还是蛮幸福的，这幸福来自于对方迷怔你独醒的特殊位置，若换个人，位置就换了，迷怔的就可能是你了。催醒目前那个还迷怔的人，成了某顺姐姐的工作重心。

无数女人问过某顺一个同样的问题：怎么拔出来？怎么从已然走远甚至消失的旧爱里彻底解脱？这问题有时迫在眉睫、生死攸关，女人被前任甩了，后任已到岗，她却还是不能忘了前任。她心不在焉、她犹疑徘徊、她冷淡麻木，如此态度对待后任，不仅不公允，还会错失好人，她自己也揪心加担心，怕最终落到孤家寡人的地步，因此纠结得一塌糊涂。某顺此时都会告诉她们，要"面对现实，把握当下"。昔日已然不可能重来，你不向前走，岂不掉坑里了？且这坑

把抛弃你的人当屁使劲放掉，是爱自己的最好证明。

还旋转着厚重的泥浆,很容易将青春一把埋了。人要学聪明点,做聪明人、办聪明事儿、像聪明人一样思考,抓不住的东西就不抓了,挽回不了的情感就不挽回了,这才叫识相,叫懂得进退,叫对得起自己。把悲伤留给前任,是老大的能耐呢。

很多放不下前任的女人,是因为自知很难遇见下一个,后任在哪儿都难说,她怎么肯轻易舍弃前任?可是,不舍不弃也改变不了对方一走了之的局面,她如何能不难受?有的女人因为青黄不接的痛楚,会把分手责任全揽在自己身上,完全疏忽了那个渣男对她的各种怠慢、各种羞辱、各种折腾。分手后做自我检讨的女人遍地皆是,她们向前任检讨,向亲友团检讨,向某顺检讨,她们完全想不到她们可检讨的其实只有一点,那就是她们爱错了人。**男女间是个不讲道理的战场,总有一方会辜负另一方,总有一人会刺伤另一人,一般被辜负和被刺伤的,都是那个以为爱对了其实爱错了的家伙。**等她明白自己爱错人,往往为时太晚,一大把光阴都被他的阴影祸害了。

你不想为他浪费生命是吧?那就接着往下看,姐来告诉你如何摆脱他、彻底删清除他。

1. 删除他所有的联系方式。这招比较笨,但它最原始,是决绝的态度,断不能省略,尤其是记性差的女人,往往能一删百了。

2. 但多数女人删除人家的电话、QQ号前,已经把这些信息铭记在心了，咋办？甭急，给自己定个"记忆碎片清除期限"吧。每天在日历牌上划叉和钩，凡忍不住联系他的那天，都划个大叉，反之，画个大红钩不说，还要奖励自己吃个冰激凌甚至买件贵衣服。一个月下来你就会发现，勾勾让你拥有了不少新行头，你穿着一新地出去走两圈，便发现自己尚有魅力，还不至于吊在那棵歪脖树上寻死。天下的男人真是太多了，就看你肯不肯卸载旧软件、装上新程序。

3．不主动联系他，只是你够自尊的表现，除了自尊你还得自爱，把抛弃你的人当屁使劲放掉，是爱自己的最好证明。有时你会碰上特扯淡的男人，他甩了你后还一遍遍回头撩你，这时你就得坚拒他的撩骚了。你得明白，他未必真想跟你复合，或许他也适应不了一下子没了你的新生活，但这不代表他会重新爱上你并对你好。所以，对左右摇摆的男人要有断臂自救的狠心，不能和他一起摇摆，以免从被弃者变成他的备胎，若真那样，你的形象和未来可就更不堪了。

4．尽快寻找新欢。时间是疗伤良药，新欢是康复必须，你得让自己想通一件事：你的人生不可能就前任一个爱人，你的明天指定与后任紧密相关。别迷信恒久远，别强迫自己守贞，别把结果当作你唯一的恋爱动力。不论你主动还是被动，你都应该拥有真实的爱情和真心对你好的人，那些虚妄的、拧巴的、别扭的感情，还有那些对我们爱搭不理的人，都滚一边儿去吧。及时清除记忆碎片很必要，我们要留足够的内存空间，给新欢，给新生活，给未来那个健康快乐的自己。

你的钱我不琢磨

　　你能接受做婚前财产公证吗？对于这个问题，某顺低估了当今女性的胸怀和智商，以为会有很多女人反对婚前财产公证。因为传统婚恋观确定了女人的婚姻是以"嫁汉嫁汉，穿衣吃饭"为基础的，在此基础上你要求女人放弃习惯和民俗，按说会让很多女人吃不消。但如今多数女人的独立意识已经觉醒，她们不再觊觎男人的物质，不再要求与男人利益的自动捆绑，不再幻想一劳永逸白头偕老的婚姻，婚前财产公证就空前地被女人们支持了。尤其是在当下很多女人的职业前景及工作收入都不比男人差的前提下，合理保全自己的财产，也是女人接受和认可婚前财产公证的主要原因。

　　你的钱我不琢磨，我的钱你也别惦记，这种态度曾几何时是很不受大众待见的。某顺记得本世纪初关于婚前财产公证的讨论，不仅女人不乐意，连男人也不支持，当时的辩论如火如荼，主要是少数激进派和多数传统派的斗争，正反双方各执一词，打得相当热闹。

虽然专家们好言相劝，说财产公证合乎时代发展，可惜民间态度呈现了一边倒局面：那时的人们还都很单纯，普遍观念是谁提婚前公证财产，谁就没真心跟你过一辈子，他/她的爱情就不值得你信任，你也就可以跟他/她说拜拜了。不知当年为婚姻财产公证坚决拜拜的人，后来是否找着了"不防范不算计"的伴侣，算来最初那拨要求公证和反对公证的人，如今也是奔四奔五的年龄了，婚姻过了这么久，该散的早散了，他们离婚时分家析产，还不是各拿各的东西、各回各的家么？这跟婚前财产公证的后果又有什么区别？

人的见识是与时俱进的，想当年很多我们接受不了的事，现在我们都举双手赞同了。我们曾经坚定地反对过喇叭裤爆炸头的邓丽君，我们还坚定地批判过享乐主义小资情调后现代艺术……但现在呢，邓丽君成了我们怀念的人，及时行乐成了我们推崇的生活态度，连芙蓉姐姐都能进北大演讲了，我们还有什么接受不了的现实呢？窃以为，改革开放三十年的最大成就是，把人们的脑子解放了，你基本可以随意地做你想做的事了。这一点很关键，它保障了你的做法不被太多人针砭和注意，你就有机会去实现愿望了。在一个思想如此开化的时代，像婚前财产公证这等能够体现"公允、独立"精神的建议，当然会渐渐成为主流意识。

当然，你依然可以保持传统，坚持不和配偶AA，也不和配偶婚前公证财产，只是你心里要有一个明确的认知：《婚姻法》确保了每个公民都能以合适的方式保全他的财产，就别再指望通过结婚离婚来获利了（目前当然还有通过婚姻官司来获利的男女，但他们多是没有婚前财产公证在先，之后又有一方做出了"严肃而仁义的退让"，这才确保另一方有机会把别人的财产变成自己的）——也正因此，我才要提醒某些还心存幻想的男人女人：我们不该有靠结婚致富的奢望，更不该有因离婚破产的霉运，而避免后者，婚前财产公证显然是个办法。

另外，婚前财产公证渐渐被接受，其实也是咱国独生子女政策所致：最近十年来，第一批独生子女陆续步入婚姻殿堂，他们的父母爱子爱女心切，往往愿意集自己半生积累，帮儿女在婚姻之初就拥有一个较高的生活平台，于是乎，两方父母比着往外掏钱，你家出房子我家就承包装修及家电甚至轿车，或双方合伙凑钱给儿女买房买车买豪华蜜月游……结婚费用越来越大，很快变成双方都要几十万上百万的投入，血本之下，必有疑心，"假如他小两口过不长咋办，我家的付出岂不是付诸东流？"此时要求公证各自的出资，也就顺其自然了。至少大家都确信，此公证能保证自己不因离婚而使财产严重缩水或荡然无存。平等观念是人们最大的进步，不贪婪人家的，也不放弃自己的，是婚前公证的真正用处。

虽然多数人不论男女都选择了"愿意接受准配偶的婚前财产公证提议"，但不少人也同时表明了自己的担忧，"这公证会不会影响夫妻感情呢？会不会让夫妻在婚姻伊始就离心离德呢？"的确，与时俱进固然容易，可同时也会毁灭我们传统的情爱幻想，比如互帮互助、同甘共苦、扶危济困等婚恋美德，貌似都要远离现时代的婚姻了。所以观念更新一定要同步，要么都欢迎公证，要么都反对公证，这样的人到了一起才不会互相添堵或轻易不满。找志不同道不合的人做配偶，显然会让财产问题变成横亘在你俩之间的巨大关隘，即便一方勉强接受了婚前公证，婚后也会有围绕各自财产及各自付出多少的更多争吵，最终还是有离婚之虞。坊间讲"不是一家人，不进一家门"，现在的人们要结婚，还是要坚持三观一致来选对象，不然真有可能很快就作鸟兽散。

裸婚是时代需要

很多女人谈裸色变，让她们裸身，她们不敢，让她们裸婚，她们更不敢。怕裸身，主要是因为多数女人都没有能裸给人看的自然条件；而怕裸婚，则是缺乏自信，以为没从男人那儿要来一些物质保障，就这么白白跟了他，被他轻易甩掉的可能性会很大。但现如今男人的质地，和女人的父辈祖辈早已有了天壤之别，过去男人认为娶妻生子养家糊口是他的本分，现在男人认为找个女人搭伴过日子是他的需要，当本分变成需要，男人就不再是女人的倚靠了。这或许是男女平等教育的结果吧，反正男人再也没有了英雄救美、壮士护花的冲动，这时你还强调结婚要男人付出多，他理你才怪。

其实彼此都付出、彼此付出都差不多的结婚，是独生子女政策下的必然产物。过去家家子女多，传统又是抬头嫁低头娶，低头娶媳妇的男方显然不能和抬头嫁闺女的女方计较谁家付出多，女方有钱也要留着给儿子娶媳妇呢，闺女出门能有份嫁妆就不错了，哪还能幻想娘家给更多的经济支援，男方又不是倒插门。可现在，第一批独生子女都30多了，以后婚恋中的主要参与者还会有不少是独生子女，女方父母的钱没了其他去处，不帮闺女弄个像样的小家，貌似也不落忍。更况现在房价比天高，光指望男家购房、安置新人，一般人家还真是力所不能及，于是乎，合作社式的婚姻经济共有制就出现了，民间已然形成两家合力帮新人的嫁娶新风俗。当下的男女平等是以物质付出体现的，精神平等因传统观念根深蒂固，还远远滞后，所以男人容易露出贱嗖嗖的猴精样儿，女人容易展现苦兮兮的怨妇状。

　　有点儿物质基础了，人们开始关注谁吃亏谁占便宜的事儿。想当年我们的父辈，上世纪50、60年代及70年代初结婚的那拨人，他们结婚时可是没有今天的压力。那时谁家都赤贫，有两床被褥枕头，外加两副碗筷牙具，再来一个暖壶一只脸盆，他们就能过日子了。那时人们虽是物质匮乏造成的被动裸婚，但因为大家都一样，也就没啥委屈感了。所以，环境很关键，当周遭人都以简朴方式组建家庭时，你也不会介意你男人有没有钱、你跟他是不是裸婚。也所以，某顺一直强调婚恋要以"情投意合为原则，两情长久为目标"，不能一味苛求物质条件，尤其是当下婚姻法保护婚内的个人财产，他即便带个金山来娶你，只要他跟你离婚，他那金山都会原封不动地扛走，你一毛钱也搞不来，顶多是有点跟他吃香喝辣的机会。想想人可以挎着爱马仕开着宝马喝着拉菲生活，也可以拎着菜篮骑着永久哑着小二生活，且后者未必比前者短寿，谁更快乐还真难说。某顺这么想想，就坚信婚姻必得两个相爱的人来完成，若不爱，光钱多有啥用？你顶多是个五陪，陪他吃喝拉撒睡，分手时能分割的还是你们的共同财产。

另外，裸婚也是当下婚姻不牢靠的自然结果。30年前人们一提离婚，当事人顿如天崩地裂、考妣尽丧，不到万不得已，他和她都绝不走这步；旁人说起谁谁离婚了，也俨然跟议论谁谁叛国了一样的兴奋。以前的人们以离婚为耻，不管能不能过下去，男女都认定但凡结婚就得从一而终，贞操概念确定了人们的婚姻态度。但当下人们的脑子和人们所处的大环境，都进化到能接受离婚并鼓励从头再来了，婚姻关系越来越脆弱，结婚证的约束力越来越疲软，在无法保证相携到老的前提下，谁还乐意为结个婚就倾尽所有呢？万一结婚没两天就掰了，即便彩礼房子等大件能索回，花在蜜月及婚纱照及酒宴及装修，还有不断贬值折旧的家具家电低值易耗品上的那些没法召回的钞票，由谁来承担损失？鉴于这方面的深思熟虑，很多男人的家长即便有钱，也不想为儿子娶媳妇就把粉全抹脸上，他们也怕白投入。同理，有女儿的人家更不信当下男人还靠得住，他们给女儿陪嫁时会小心地设置止损点……最终是很多人越来越乐意裸婚了。对彼此作风及共同未来的信心缺乏，会让裸婚成为流行。

表面看裸婚寡情，事实上它考核男女双方的信用和认知，还考核彼此的感情和耐心：没有钱的参与和干扰，你还能爱我么？你又能跟我走多久？不爱我也跟我走不久的人，当然没资格让我付出一毛钱嘛（这里的我，泛指所有愿意裸婚的人，含某顺）。

我在特定语境里也强调"逗羊还要添把草"，告诉女人们不要把男人的吝啬当你自己就值这待遇。记住，你是高贵的，你是有价的，即便无市。你可以不花他的钱，你更可以不给他花钱，他不是要纯爱吗？好，就给他一毛不拔的纯爱。感情交流搭配礼物馈赠才更锦上添花，他若无视人情法则，你就拿他当小兔子用好了。

可以婚不可以昏

你以为幸福的点点滴滴，

在别人眼里或许就是痛苦的

层层叠叠。

别把男人当儿养

　　某女已婚十年，有一可爱的儿子。丈夫在事业上、收入上都不如她，她算是事业小成，家里的所有费用都是她支出，孩子的很多事情也都是她在操心。很多朋友为她不值，但她都不计较，认为两个人过日子，能多出份力就多出份力，都一家人了，还分什么你我。可让她灰心的是，她为家庭付出了这么多，他却还总是一副不领情的模样，在家里对她的态度总是冷冰冰的，缺乏温情。其实她的工作也有很多不开心的时候，也想找个肩膀靠靠，哪怕有个人听她倾诉，可每次她刚一对他开口，他就一脸不关他的事或者他也无能为力的样子。有一次，她稍微发了点牢骚，说公司新来的小孩不懂事，把老客户都给得罪了，他突然就不冷不热来一句："谁有你那么能干啊？"让她话到嘴边又咽下。虽然日子过得不如意，她也没有离婚的想法，只希望他能对她多一份热情多一份关心。可怎么就这么难呢？

　　很多女人爱犯一种病，这病叫自不量力。明知自己和某男不合适，她也要咬牙切齿地非把这男人变成配偶不可；明知作为配偶对方至少应该撑起家庭责任的半边天，她也因为当时太主动地拉人家进围城，只好在进城后拼命表现贤良淑德，把个男人侍奉到和弱智加低能的大儿一样。她一人撑起了全家老少的整片天，一边很厉害地展示自己的才能，一边又很丧气地抱怨男人没用，搞得你都不知道是该同情她，还是该敬仰她。

当下很多男人对女人的要求，除了上得厅堂下得厨房，还要女人能挣钞票能养家，能主动承担所有家务和大事小情。男人说这是为了锻炼女人的自立能力，没错，这观点我支持，但问题在于，若女人把男人的事也都做了，女人还要丈夫做什么呢？**一个女人里里外外一把手，不算幸事，要让男人更像男人、让女人更像女人，这社会离和谐完美才能更切近。**而现在是男人很不像男人，推卸责任、自私自利、矫情小气；女人也很不像女人，口是心非、盲目任性、逞能……这才使得我们的男女关系越来越脆弱。一个没有担当的男人和一个不自量力的女人所组建的家庭，肯定是危机四伏的，因为男人在你这里不用担责出力，他就省下气力去应付别人了；一个女人要是老在男人面前充能人，你不仅要惯坏这个男人，还会让你自己活活累死。

说回开篇的这个女人，她男人现在的麻木不仁和自私冷酷，都是被她惯出来的，当初新婚时她若不是拼命表现她的能干，他也不至于堕落成今天这个样子。结婚十年后再想改变他，难，除非她能

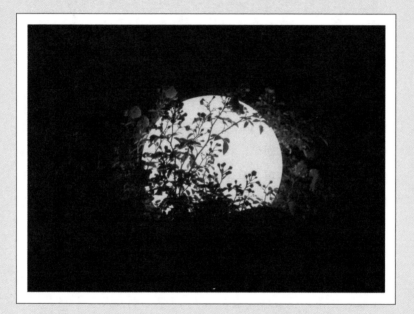

一个没有担当的男人和一个不自量力的女人所组建的家庭，肯定是危机四伏的。

心狠手也辣，即，从今儿起经济和家务都和他 AA，他若不干，那就休掉他。要是舍不得离婚，只有继续忍着他。十年功夫造就一白眼狼，轻易抛弃也的确艰难，所以就把自己当他妈吧，这样还能心理平衡点，婚姻也能继续维系。

女人只做对的事

　　某女 49 岁，全家三口移民加拿大四年，女儿另一城读大学。她和丈夫是大学同学，当初与他相处后不喜欢他性格，不爱他，但他外形有男子气，迫于他的不放手等原因，后成为夫妻。多年来她总有离婚的想法，也行动了几次，都未果。都是好人，但性格不合，思维方式不同，吵架是家常便饭，感觉总是相拧，沟通很困难，不能坐下来谈话。他人内向，情商低，挑剔固执，有意无意地爱给对方不愉快和施压力；控制家庭收入，从不审视自己的思想和行为，不愿听意见。他因怕费钱，不让她学开车，她偷偷考了驾照，但他不许她碰他的车。她总有莫名的恐慌感，均来自他的莫名挑剔。她现在面临的问题是，50岁的女人能从头奋斗么？她与他离婚是时候么？（她温柔、善良，有点小资，有激情，坚毅、忧郁，无谋略且简单；外形、气质较好、有异性缘，与小她15岁一男至今好三年，几次要分手，男都坚持，她清楚他要的是性，而她只是喜欢他坚毅阳刚的性格。）她不希望到了明年这时候还面对这样的问题，生活还是压抑。

女人想家庭幸福、婚姻如意，只能是在关键的时候做对关键的事，譬如：不喜欢的男人不嫁，不勉强自己，尊重自己的直觉；不能一入围城就养孩子，要给双方一段适应婚姻和配偶的时间，以免彼此发觉嫁错、娶错人后，有个孩子拖累，想分手都艰难；经过磨合期后，两人不近反远，或貌合神离、同床异梦，矛盾无法调和时，要有快刀斩乱麻的决心，不可瞻前顾后、左思右想、摇摆不定，害自己经年浸泡在不愉悦、不舒坦的情绪中，成为招人厌的怨妇还在次要，主要是老不爽、老郁闷，会害你罹患一些慢性病，身心都不健康的人生实在是失败的。我们纵然不要人上人的得意生活，也不能甘心成年蜗居在痛苦中吧？

先说嫁人的问题。嫁人要重视门当户对，不要小看两人的环境、档次、收入、岁数上的差距，不能轻视对方家庭的传统作风和对你们的干扰，不可放弃对配偶做人做事以及品德涵养习惯的要求，要知道**你今天的视而不见或忽略不计，很可能是明天你们共同生活中**

最大的争端。恋爱时一定要睁着眼、醒着脑——不睁眼看仔细，以后你会抓狂；不醒脑想明白，以后你就算再明白也没了说理的地方。有些女人动不动说"离开他，怕再也碰不到对我这么好的人"，或"他虽然对我不咋样，可他条件不错，怕错过他，再找的人连他也不如"，这种只重一斑不看全貌的思维，实在是愚蠢之极。你也不想想，哪个男人在热恋期或与女方有明显条件差距时，还能对你不好么？哪个男人婚前对你都不咋地，婚后竟能对你俯首帖耳呀？想事做事都要靠谱，少幻想，多分析，你才能判断出谁是可嫁之人。

某顺几年前就说过："孩子不是定盘的星。"为了孩子不离婚，是咱国婚姻的特点，作为女人，的确很难做出只为自己活的决定，毕竟一离婚就要让孩子面临单亲问题，对孩子的成长多多少少会有影响，你再潇洒、再豪迈，都可能扑倒在孩子这个巨大的障碍前。所以，为了将来不轻易被孩子拴死绊倒在枯萎的婚姻里，你也得想好能不能和他生孩子这事，在对他、对你们未来的生活都没信心的时候，一定要避孕，即便是意外妊娠，也不能姑且留下。你时刻要记住，**今天你留下一个胚胎，明天就会有一个可怜人为你们夫妻的不和痛苦别扭半辈子。害人害己的事一定要少做，尤其是不能为了我们暂且孤单就生个孩子来解闷。**当然，相爱的时候有结晶，只能顺其自然接受，当爱情走了、夫妻反目成仇时，只要你有能力，能带孩子走就带着孩子走吧，千万别为了给孩子一个理论上圆满的家，就让孩子沉浸在吵闹不休的变态氛围里，不然他将来长大了，对你们也只有仇恨，而无感谢。

路在向前延伸,等你习惯了分开的日子,下一个男人和另一段好日子就都来了。

不管为什么想离婚，只要你有离婚的想法，就说明你们的婚姻已经出现了裂缝。解决问题的办法不一定是离婚，但多数情况下，离婚是最简单最省事的办法：眼不见为净总是可取的、科学的。不过，你始终要明白一件事，人无完人，离开了这个男人，下一个男人也未见得能让你事事都满意，要是没有包容和忍让的心，嫁谁都摆脱不了离婚或彼此厌烦的结果。因此，经历了一段时期的共同生活后，实在受不了他，就不要忍了，也不要为孩子坚持了，赶紧给自己一条生路吧。放弃了他，是要离开熟悉的生活，是会有一段时期的不适应，但，路在向前延伸，等你习惯了分开的日子，下一个男人和另一段好日子就都来了。如果你能忍，也愿意为孩子继续委屈自己，那就努力改正自己对他的看法吧：能不能降低对他的要求呢？能不能降低你对婚姻的期待呢？某顺说能，你若说不能，那你不如现在就离婚。

回到开篇的主人公身上，我以为她该离婚了，已然忍了 20 多年，再忍下去虽然可以而她却不肯时，那就早早结束吧。如她所说，不能等到明年这个时候还在压抑中。既然不想压抑一辈子，那就争取赶紧解脱。不管你在国内学的是什么专业，到了加拿大，一切都要从头开始，辛苦自然难免，但，阴霾早晚会散开，辛苦早晚会过去，只要你有决心、有准备，你会走出离婚后那一段低迷时光的。至于那个小你 15 岁的男人，性伴侣而已，不足分析，更不用考虑。还是那句话，女人只做对的事，才能靠近幸福。

跟出轨男赌一把

如果有一天某顺信箱里关于"我男人出轨了"的申诉没超过十人次的话,俺都当这一天是过小年了。正因为看了太多的出轨男报告,俺才能每次都劝女人们尽量隐忍,实在隐忍不下去了,你就革婚姻的命——踹了他,千万别一边恨着,一边又舍不得与他分手。任何时候任何人摆出一副常有理又总委屈的样子,都是招人烦的。

综观男人的出轨,一般有几种结局:要么老婆一闹就自己灰不溜丢鸣锣收兵的,要么是和老婆彻底撕破脸永不回头的,要么是身在曹营心在汉且时不时再出一小轨的。对众多正宫来说,配偶第一次出轨即天翻地覆的历史,相当于开元那般的重要,第二次甚至第 N 次出轨,都是历史的累加,算小出轨而已,最难忘的还是开天辟地的第一次，绝对隆重，绝对致命。但对出轨者自己来说，第一次和后面的多次出轨，往往真不是一回事，有本和质的区别，绝非量的变化，多数出轨者的第一次是动了真心的，也是鼓足了勇气的。咱现在要研究的就是男人出轨后的各种可能性结局。

1. 不为离婚，也不为背叛，更不为报复老婆，而就为寻欢作乐的出轨，在出轨男中占了相当大的比例。于男人而言，尝试和不同女人的交欢，这是他们本能的欲望。是欲望都难消灭，除非介于某种环境和压力下，不得不束缚或压抑欲望，否则，只要得空、得对手，在没有安全隐患的前提下，男人总会成全自己的欲望。**男人性情中有强烈的孩子情结，孩子的特点就是任性、不听话，出轨大概是最好的任性和反叛表示了。**但，任性的孩子也回头，反叛目的是强调主权、抗拒干涉，等他任性完了也玩够了，自己就回来了，搞不好老婆一辈子都不知情呢——他就是这么想的。所以，假如你很不侥幸地发现了他的出轨，装憨、装瞎、装毫不知情甚至装宽容大度，是维护婚姻和夫妻感情的必须手段，绝不可逮住一次他出轨你就没完没了地闹，要知道闹只有一个下场，那就是把他闹烦了厌了，彻底没了回家的兴趣，此后就算为了孩子不和你离婚，他也会不间断地继续偷人，来发泄对你、对家、对失去自由的不满。

2. 虽然男人也知道出去玩儿就有后果，被配偶知道后肯定会闹地震，精神上所受的打击有时远比肉体得到的那点欢愉要多得多，但在诱惑面前，有的男人还是忍不住伸腿了。他伸腿转了一圈，发现莺莺燕燕的时期只属于婚前或胡搞阶段，一旦要面对现实生活，眼前这个老婆和未来那个老婆，貌似没有太大的区别。尤其是某些出轨对手的不配合，刚上了床就要钱、要家庭，出轨男本是去欣赏云卷云舒的，结果却发现天下乌云一般黑，性欲一下就退了大半。想想在家任劳任怨伺候孩子照顾家庭的老婆大人，他也觉得自己很无聊了：若换个女人，心事不减还增的话，干吗要换呢？得了，偷偷就罢，尝尝鲜就算，还是收了天马行空的念头，跟老婆好好过日子吧。当然，外面若有免费的午餐，不白吃也不像话。于是乎，有些出轨男不等老婆斗争，就自己打道回府了。这种出轨男一般都是生活有节制、举止很稳健的，他们习惯于自我教诲、自我促进，假如你是他们的老婆，又发现了他们的出轨经历，权当自己是傻子吧，他们就算爷们儿中的好东西了，你只需摆出一副冤屈状即可，用眼泪就能打倒他们的时候，就绝不要搞武装斗争。

3．还有一种出轨男，既没反叛的决心，也没自省的能力，他们是真正的性情中人，他们一般不出轨，但凡出轨就是动了真情的，他们比女人还想要结果，比女人还较真。这种男人对小三的感情是发自肺腑的，他投入地爱，投入地做爱，投入地憧憬和小三的新生活。但，有时是天不遂人愿，有时是小三和他不能志同道合，害得他那爱情跑着跑着就香消玉殒了，本来死活要离婚的他，不等老婆松手便自己放弃了。此类出轨男都是心易碎的翡翠男人，看着透亮、有异彩，但就是经不起波折，还特别执迷不悟，你要是不慎做了他们的老婆，婚姻就算能持续百年，你也不会快乐一天的。他自己选错了人、出错了轨、爱错了人，他不怪他自己点儿背，反倒会怪你鸠占鹊巢先占了他老婆的位置，妨碍了小三顺顺利利和他成为一家人，才害他中年情断江湖——这种因为和小三反目才回头的出轨男，你如果要他继续做你男人，就当自己养了个有白内障和失心疯的继子吧，只能与他保持一定距离，能客客套套地混到你有了另外的男人，或再也不屑一顾他了，就算你功德圆满了。他的毛病是太痴情，也太想当然，你没法弥补他破碎的心，就只能听之任之了。

4．也有出轨男虽然不是忠贞的丈夫，却是忠心的爸爸，他可以找新欢，也可以抛旧人，但他始终不能放下他的骨肉，叫他离开孩子或让孩子为他受苦，他可做不到。这种出轨男很常见，他们有最传统的一面：认为老婆永远是别人的好，孩子永远是自己的乖。他们还有最不传统的一面：不管老婆是孕期还是病中，他能搞女人的时候都决不犹疑，但孩子一个电话就能叫他的离婚算盘崩溃掉。为了孩子他能忍受更变态、更冰凉的婚姻，就算眼前老婆想离婚，他也坚决不肯，不是他还念及旧情，而是他不能让他的娃受一点爹娘分开的苦。碰上这种出轨男，恭喜你，你这辈子都不会被他离弃了，忍过这一阵的尴尬和痛苦，他的心搞不好还能重新回到你这里，而不仅仅是要你陪绑婚姻。因为他本质脆弱，在他眼里，孩子就是未来，你是孩子妈，你就是未来的妈，对未来他还是顺从的。你就算恨他背叛过你，在你没有更好打算的当下，还是别和他憋劲儿了，不妨当他是你的亲人吧，亲人想出去享受下，你能不成全么？那就给亲人留一个后门。除非你不当他是亲人了，对仇人咱不必客气，该斩立决的时候绝对不要手软才是。

5．还有出轨男回头不是为孩子，也不是为旧情难忘，更不是因小三没给他彻底出走的动力或他自己看穿了男女之事，而是为了他的个人利益不受影响。这种男人的代表群体是有一定身份地位的公职人员，或怕分家析产的暴发户。他们的回归往往是以暗度陈仓为配合，名义上的老婆依旧竖在牌位上，他也回家，他也交钱，但他更多的业余时间和感情，都交给了外面的小三。他们比特务余则成还能装、还能潜伏，对于他们的妻室来说，家已经变成了他的另一间办公室，只有公开示众的必要，再无夫妻恩爱的可能了。做此种出轨男的配偶，需有从长计议的肚量，别死追着他要什么专一，他能把名誉老婆的名分给你，都算你烧高香了。你可以不满意，也可以造反，不过造反就是放弃现有的他为你赚来的一切，你舍得么？舍不得就闭嘴，当自己在带发修行好了。要是他有良心，会打发你和孩子去国外，那就合你心意了——去了国外千万别放不开，碰着个怜惜你的鬼佬就好好享受，补上这些年他亏欠你的性高潮。你放心，他不会因为你做红杏就灭了你的老婆职务的，因为他的前途、他的钱始终是高于一切的。

6．最后一种出轨男，是典型的人人要喊打的采花贼、负心汉，他们才没有什么禁忌或惧怕，更懒得讲良知和真心。他们看上哪个女人能立刻改弦更张，他们从不发愁下一个女人几时出现，他们搞外遇就像吃油炸花生米一样随意，在他们眼里女人就是衣服，当然要不断地换，他们是真正的白眼狼，不会心疼女人更不会顾念孩子。碰上这种男人，被他抛弃算你运气，千万别跟了他半辈子、忍了他半辈子后，才被他踹飞——那时黄花菜都凉了！

　　综上所述，能挽回的出轨男，都是成心不想走的；不能挽回的出轨男，一般你挽回也是徒劳的，与其拿一生与他火并、死扛，不如在能转身优雅离去时就尽快结束和他的孽缘。最糟糕的是，当你面对出轨男时，你无法判定他是不是能够挽回的那一种。据说有女人优雅离去后又后悔了，她自己总结是太要强的性格害她失去了男人。某顺不以为然。如何处置出轨男，真有点像赌博，你断定他不会回头，他碰巧偏偏回头了咋办？可是也会出现另一种情形：你押他准能回头，且饶过了他这回的出轨，结果他却跟小三或小四、小五、小六总也剪不断理还乱，让你闹心负气几十年，他是什么也没耽误，你却在半辈子捉奸中误掉了自己的性福，那不是太冤枉了么？所以，女人面对出轨男，无论选择放弃还是选择原谅，你都只有一半的胜算，要想增加胜算，就看你临场发挥了，能否准确判断这个出轨男的"大盘走向"，很重要。

在没有安全隐患的前提下，男人总会成全自己的欲望。

意淫灭三狠辣招

扫码分享电子版

在人人都可能有小三、人人都可能做小三、人人都可能被小三插一腿子的当下，某顺因为工作的便利，有机会看到无数三裸奔，也就慢慢理解小三了：无非是私欲作祟，都想霸占自己想要的，都不想自己霸占的再被人家霸占而已，不存在高尚与卑鄙的问题。因为俺意外发现，很多叫嚷着要诛小三灭小三的主儿，一转眼也成了小三或曾经就是小三。永远的"一"基本是没有的，也许有俺也碰不上，传说都在剧本里或半空中挂着。

在见惯了小三跑的今天，某顺的婚恋观发生了巨大变化，现在俺就以为那些意图置小三于死地、恨不能打一场史无前例的小三歼灭战的大婆大爷们，都是可怜人儿：敢情这世上少了这一个负心贼，你还真找不着其他陪你睡陪你生娃的异性了？不然何至于这么雄赳赳气昂昂地非要灭啥子小三呢？他／她走了，新人又来了，不过是换个面具而已，内容物完全一样，有啥舍得舍不得的，又有啥放下放不下的？——俺的这个思想据说很反动，曾有读者很痛心疾首地指责俺，"要是你男人有小三，你也能这么大度啊？！"此话问得一点不妙，您就是不相信俺的自信和俺的高度嘛：就算没男人要俺了，俺也不要一个经常性出轨的男破鞋，这点原则都不讲的话，俺就不做人了。所以，俺男人有三俺是不会吱声的，前提是俺准备维系家庭；等俺吱声时，一定是离婚之日。反正俺不会这边无论如何不离婚，那边还和男人的那些破事儿计较个没完。

尽管俺不准备诛小三灭小三，但俺预想的对出轨男的惩罚措施还是挺厉害的：赶他出门，剥夺他的家庭政治地位。这种做法的前提是你已经决定放弃现有婚姻了，你也对这个男人深恶痛绝、绝无信任了，而且你还不用靠这个男人吃饭穿衣。离婚能使你活得更旺相，你才可以心狠手辣地快刀断了自己的旧爱，否则，经济上离不开人家，精神上依赖人家，肉体上也指望着人家偶尔扶下你的贫，那就别争取什么女权了，还是眼泪加温柔加宽容地软化他吧，你就当自家男人不花钱或只花了嫖娼的小钱就弄了个不用你家养的妾。什么小三不小三的，容她在外面和你男人睡去吧，你其实不吃亏，因为就算没这个小三，你男人和你睡上几年后也对你没了性趣。他宁可看着色情小电影手淫都懒得碰你，也没找另一个女人，你还生什么气呢？再说了，万一你男人碰着个傻妞，搞不好还倒贴好多钱给你男人，你就更赚了对不对？**想通吧，别左右为难着，你就想你最需要什么，若需要尊严，抛弃他最好；若需要丈夫，就当他是个门牌好了。**

有女人很不爱示弱服软，让她放弃婚姻不可能，让她放弃对小三的仇恨也不可能。在不能收拾自己男人、害怕因此逼走男人时，伊们就想好事了：能不能只诛小三灭小三，而不和自己男人翻脸闹掰呢？能不能把狼赶跑又不丢羊呢？某顺说，能，世上无难事，只怕有心人嘛，咱现在就来帮可怜的大婆原配们想想既能灭了小三又能不惹毛男人的招数，不一定全面，盖因某顺从没面对过小三的进攻，也只能意淫一下啦。其实就算有小三进攻，俺保证也是先查对方的经济状况，若好出咱一大截子，嘿嘿，俺就跟她交易了：你拿什么换俺男人啊？当然各位不能都学俺这么无情无义的，你最好还是尽力去挽救你家那厮的灵魂为好，坏人不能多，否则某顺这样的坏人占谁的便宜去，是不是？

　　打蛇打七寸，擒贼先擒王。搞清对手，才能确保胜局。小三的来源一般是这样几种：一、未婚的无知无畏无聊女，二、下岗的前大婆、现在的离异女，三、男人的同事同学合作伙伴等；四、男人婚前的心中想或没断干净的旧恋人。

　　第一种较常见，多是因为你把男人收拾得太体面了，让傻妞们以为他天生干净稳健成熟，或你伺候他像伺候主子，害他整天闲得蛋疼就想搞点事来打发无聊。这种简单质朴小三一般是不用惧怕的，只要你男人智商一息尚存且你们还有孩子，你不用怎么闹，他早晚也会回家的，因为他知道那小三除了青春就什么也比不上你了，他很难会为了不断变化的面皮就换掉一个女人。所以对付这种小三，

同居是最容易让爱情快速死亡的办法。

最好的办法是请她来家做客，让她亲眼目睹你家的整洁高雅和你们夫妻的琴瑟和谐，她没等出门就自卑生气去了，她一自卑一生气就会不断干傻事，你男人就会越来越烦她，出轨男回头的日子就指日可待喽。

第二种小三也很常见。有些女人是无意间做了别人家庭的第三者，也有些女人是有意将自己家庭解体的痛楚报复在别人的家庭上才选择做小三的。这种小三因为没男人管、没婚约束缚，又是经历过风浪的成熟女人，她们真要准备插足谁家、抢谁的丈夫，其把握还是大于第一种傻妞的。针对有心计的小三，你就得比她还有心计才成。虽然你男人一般不会再娶时还专挑二手剩女，但也备不住被她的伟大母性征服，所以你得表现出比她还母性还贤惠还通情达理才是，否则你就打不过她。虽然她上位替掉你的可能性不大，但你真可能被她活活气死。为避免如此悲惨的事情发生，建议你偷偷地多方地打听她，她会的你都要会，她不会的你也要会，如此，你那已经被女人哄出毛病的傻男人才不会犯傻提离婚。一切比她强的要求是严格了点，可惜你非得抢回这个男人呀，不然何至于委屈自己呢。

第三种小三在生活中更常见了，所谓近水楼台先得月是也。她和他有时间经常在一起猫着，借口还都是正大光明的，你根本没法阻挡他们搞到一起去。同事也好同学也好合作伙伴也好，都是一般没办法完全断绝联系的，所以发现他们勾搭上后，你再恨再气，也不能说出"不许再理她"的糊涂话，因为那基本不可能。对付作为男人的同事同学合作伙伴的这种红三（所谓红颜知己），建议去跟她套近乎，做她闺蜜，做除了真心话再什么都和她说的亲密好友，不停地怂恿她打扮自己，约会单身男。为了证明她和你男人没关系，她也不能每次都拒绝你的牵线搭桥。若她拒绝，你就跟她说："要么把我男人给你吧，咱关系这么好，我给你男人，你把我家房子留给我就成……我知道你是好女人，有教养有文化又善良能干……干脆把我娃也交给你得了，这样我就容易改嫁了，不然你抢去我的一切，是不是太狠毒了点哦。"——她一定会说你胡说八道，她也一定会听你的话去相亲的。常在河边走哪能不湿鞋，你放心，她见多了男人，就对干等你男人宠幸这事没兴趣了。

最后一种小三，是男人最难忘也最不甘心放手的，她们之前是男人的梦中情人，之后是男人的理想爱人，她和他的感情比你早、比你深，你想切断他对小三的憧憬和爱怜，几乎难于上青天。但真想上天也不过是把梯子搭得足够长嘛，为了抢回咱男人，咱就要采取最无形也最有效的一招了：以退为进。先哭哭啼啼地告诉臭男人："我虽然很爱很爱很爱你，但为了成全你的爱，我决定放弃我的爱，什么都给你，我只要孩子，你跟她好好过吧，放心，我和孩子不会给你添麻烦的，你是我和孩子的至亲至爱，你好就是我和孩子的心愿。"——苦肉计需要恒心和狠心，你且一边躲着看吧，他们真一起过日子了，超过周年的恩爱都少，一般是同居几月后你那渣男就后悔得要死了。他会想念你的大度和温柔，他那爱情和你跟他的爱情是一样的东西，就怕贬值，而同居是最容易让爱情快速死亡的办法。

最后他灰溜溜地回家来，你还要敞开怀抱欢迎他，要对他说：热烈欢
迎尔。不是鼓励他再出轨，而是要那一边惆怅并随时准备反攻的小
三看看，什么叫高风亮节、什么叫深情厚谊，让她自惭形秽去吧。

意淫了近三千字，才发现最重要的一句话没写：想灭小三，先称
出你自己的斤两，假如实在不是人家的对手，不如趁你男人还心慈
手软时，赶紧要他净身出户吧——一个子儿也不留给小三，就够狠
够辣了。

要男人有什么用

　　要什么没什么，你要什么他偏不给你什么，是很多男人的特性，也是很多女人崩溃的主要原因。女人们往往死活想不通：除了自己，谁还能跟他一起吃苦受穷，他这个熊样子的条件还臭拽什么？他为什么就不能好好过日子，他怎么就没有和自己拧成一股绳、共建美好未来的愿望呢？女人们因为男人的不顾家不着家不爱家而怨愤伤心，女人们想：我要的婚姻生活不是这样的，我要的男人也不是这么自私懒惰的，他毁灭了我对家对男人对人生的所有理想，若不是为孩子，我能跟他过下去才怪。

　　冤仇虽然深，却没有翻身欲望，这是怨妇的死结，也是女性始终弱势的根本。不翻身，可能没能力翻身，也可能根本就没想过翻身的问题。反正，**当女人认为稳定高于一切的时候，女人会用吃奶的劲来坚持她的婚姻，会放弃和忍受很多原则性的问题，一意孤行地将她的婚姻进行到底。**但男人并非如此，男人即便有维持婚姻的不得已的苦衷，他们也有办法逃遁和减压，出路就是沉迷于某一爱好，尽量缩短在家的时间，以避免心烦。

　　而女人就不行了，天生的母爱和操控欲，让女人更恋家和放不下家，"我不干谁干"的想法一旦形成，男人就"被迫着幸福"了。从小在母亲负责主管环境下长大的国产男人，很难有干家务的意识，习惯了被伺候的他们婚后一旦享受不上伺候，会觉得自己讨的不是老婆，而是女权分子或花瓶摆设，因此没了幸福感，对老婆怨声载道，这都是好理解的。女人不能理解的是，被伺候的男人也没了幸福感，还表现出一副死猪不怕开水烫的顽主样，这才叫女人感觉自己活得很失败，做牛做马都换不来男人的爱惜。但即便如此，她们还是轻易不肯离开这个男人，因为女人普遍认为，女人最大的失败不是没找着疼你的男人，而是你没男人。

　　当女人把男人看作必需品时，女人在男人面前就没法强硬了，弱势成为必然。有太多女人需要洗脑，这个洗脑不是让你翻个180度的大身，从被男人踩变成踩男人，而是要你知道，你自己的需要更值得重视，更应该满足。女权的基础是人权，当你把你和男人平起平坐的权利扔掉时，你同时还扔掉了你的人权，这是极其可悲的自我亵渎，践踏的何止是你自己的权利，还有以舒心为存在基础的婚姻原则。很多女人的特点是，手握一把烂牌，还不肯早早弃权、从头再来，非要将明知的结果，用死耗死拼的低俗方式走到最后一刻。从来没有止损概念，你输一辈子都正常。

有些女人总是一边尽情怨着，一边努力做着，女人认为怨愤和做事没有冲突，毕竟自己是女主人是老婆是妈，就得有个楷模的样子。女人希望自己的辛苦付出能在有朝一日感动老天感化男人。但感动老天易，感化男人难。男人不爱你时，即便没别的女人可以爱，他还可以全心全意地爱自己，那时的他会无视你的一切付出，你的牺牲在他眼里也是无用功，是你自己乐意的，和他无关，更不用他回报。所以，女人的牺牲要看值不值，若不值，就不必牺牲；而且，孩子将来未必感激你的牺牲。请不要再用"为了孩子我也不离婚"来愚人愚己。

当女人把男人看作必需品时，女人在男人面前就没法强硬了，弱势成为必然。

动什么别动手机

电视剧《手机》热播时，某顺虽一集没看过，但某顺知道会有什么剧情，因为俺已无数次在读者来信中欣赏过类似桥段了，俺还因此总结了来自手机的一些特殊信号——

1．他的情人往往是他手机里的临时号，一旦被你捉，他会说这是发错信息打错电话的陌生人。

2．短信内容多是莫名其妙的，大段的抒情几乎没有，基本以一个"？"或一串"……"为主的短信，只能证实他们正处于你来我往的调情期。

3．通话记录显示一号码近期出现频密，但某天开始联络突然稀少了，你别忙着松气，因为这只说明他们有更好更直接的勾搭方式了：搞不好人家是面对面办公了。

4．他出差前两天和对方的短信通话一直都密切，但等他异地的那天起，联络就突然中断，几天后又恢复联系，表明中间那几天他俩睡到一起了，用不着劳驾中国移动了。

5．他的手机由铃声改震动了，他开始上厕所洗澡遛弯儿都带手机了，他史无前例地睡觉就要关机了，一般是他和对方已进入感情平稳期，联络虽少了点但都是言简意赅式的不能让第三者欣赏的床话，真要是睡久了睡熟了，他们也不会这么热衷于语言挑逗啦。

6．当你检查他的手机，发现他通讯录里经常联系的只是几个哥们儿或几名客户的时候，你千万别被蒙蔽了，这几人最可能是他可以光着聊天的红颜了。

7．他平时是很仔细的一个人，连半截烟都不会丢的主儿，却突然说手机丢了，又迅速买一新的，很可能是他把正用的手机送给出自寒门的妞了。

8．即使他不符合以上任何一项，也有可能出轨，总有些老奸巨猾的家伙是你防不胜防的，若他的相好比你想象的还懂事，你就休想从手机里找出蛛丝马迹了。
......

中国女人在意男人胜于在意金价，侦查男人是否忠贞的手段从抽象的第六感觉到具象的跟踪追击，从来都是与时俱进、"多管齐下"的。最近十年由于手机成了生活必备品，靠手机掌控打击男人也成了众多女人的业余爱好，乃至不少男人都在办公室抽屉里另备一张手机卡，专门用于防范"贱内"们的调查取证。于是乎，你经常可在街角看见半醉的男人们眉眼生动地对着手机抒情，这个电话往往会打很长时间很激情澎湃，挂断后，男人第一个动作是删通话记录，第二个动作是换卡，第三个动作才是朝家走……尽管世道已如此不堪，某顺还是不主张女人们把自己当男人的道德教师。**动不动就查男人手机的女人，往往是对男人鞭策无力的怨妇之流，男人不抛弃你是因为你还有利用价值，绝不是你能够促进他的隐私保密系统升级。**

真的，查他手机等于自取其辱。你要是直觉这男人对你不忠诚、有出轨嫌疑，你就当他已经出轨了来处理便是，不需要找什么铁证来核实他的行为是否已经不要脸、不可救。男人一般不会让你失望的，你感觉到他有什么猫腻时，他就已经玩过或正在玩这猫腻了，因此，你的调查往往是把你自己逼到绝路上：没事实依据时你还能睁只眼闭只眼算了，见了青面獠牙的证据后你再怎么往下走呢？不管吧，他和他的相好都会轻视你嘲笑你；管吧，除了离婚分手这惩罚，你是一点辙也没有哇，而这惩罚搞不好还是人家求之不得的，你说你这是惩罚他呢还是惩罚你自己呢？因此，某顺建议：不想离婚的，不想和男人对簿公堂大动干戈地分家析产的，就不要查他了；当查不查都一个结果的时候，你就给自己省点事，咬牙忍了他或咬牙踹了他。只

你感觉到他有什么猫腻时，他就已经玩过或正在玩这猫腻了。

有在想踹踹不掉时，才可通过各种渠道获取他手机里的秘密，在关键时刻给他一记直勾拳。

也所以，在知道配偶可能出轨而你又不打算离婚的前提下，远离他／她的手机，是保护你自己的小心灵的重要决策。你必须贯彻这精神：再好奇再刺激也别主动去掀潘多拉的盒盖。手机里的隐私有时就是遮羞布，你若不敬畏它避让它，它就不在乎用羞处侮辱你了。

需要收买的男人

　　某女，经济条件优，离婚后自己抚养儿子，几年后意外遇到曾经的恋人，对方的温柔体贴令她感动，而且对她儿子也很好。他想跟她重新开始，因此果断跟妻子离婚，净身出户。他年45，没什么学历，离婚后身无分文，赚钱能力不强，还要照顾女儿，日子过得很窘迫，他唯一能吸引她的是他的持家能力。她本想自己可以赚钱，他把家打理好了，取长补短，生活也能有滋有味。但他在女儿上学期间没有心思和她一起打理家，他只能充当一个过客、床客。他离婚半年后曾想过复婚，前妻不肯原谅他。她觉得和这男人一起真累，她朋友都说，如果她是下岗女工带个儿子，他不可能为她离婚；如果不是他现在混得不如意，他可能也不会对她体贴忍让。她爸都说，男人没钱时对你好是正常的，有钱时对你好才是真对你好。她很纠结，现在还需要再和这男人纠缠么？是她心理有问题还是对方在算计她呢？

　　某顺想说，不管你是离异带孩儿的半老滞销女，还是从未嫁过的大龄剩女，在急火火地寻找男人之前，都该把自己的脑袋先伸进冰箱做一下冷处理，目的是搞清你再婚或结婚的必要性到底有多大，顺便也将清你在婚恋市场上的真正价值。因为，**不自省就容易错误判断别人，不自知就容易乱做童话梦。**你始终得明白的是，虽然外面跑的很多男人条件的确不如你，但那些男人未必有娶你的心，所以你不用审核批判他们的价值观及审美取向，只需考量你在你想要的那一类男人里拥有怎样的压秤砝码。

　　通常情况下，男人在情感上还是比较幼稚的，他们喜欢外在美好的女人，他们会很二百五地逐芳追艳、不惜代价，哪怕这个女人出身寒门，只要他喜欢，他就想要人家做他的内人。所以我们常能见着高调嫁入豪门的女人，却很少能看到哪个男人被豪门女一路撑到出人头地。传统的男权思想让全国人民都很瞧不上傍女人的男人：偷着傍可以，明打明傍不可以。正因为男人在择偶方面是为自己负责的，所以，除非特自卑、特一贫如洗加一无所长的，一般男人都以为他拥有占有美女的权利和条件；如果捞不着美女，男人就以为他们选了不是意中人的女人，是给这女人老大的面子，是随手解救她，既如此，这女人还不想掏钱来收买他，岂不是鄙视他的友情付出？

　　女人刚好与男人相反，天赋女人在生理心理上都居于弱势，传统教育女人承认男人的地位和力量，于是乎女人在择偶上更乐意找"比自己强"的男人，目标的诞生显然是各种欲求尤其是物欲的结合。当女人找不着比自己强的男人时，她会下意识地退而求其次，只能降低物欲了。女人想，对方只要不用我养、不吃我的软饭，对我好，照顾、体贴、关心我，我也将就了——女人的这个想法本没有错，可惜她们此时碰到的男人都是追美女而不得、以为要了不美的女人就是他义勇扶贫的男人——各位想吧，两个都以为自己吃了亏让了步的人，怎可能互相满意对方呢？他们注定会让彼此更失落。

　　婚姻就是交换条件的固定伴侣同居形式。你不承认这个，你如何搞懂异性？又如何霸占他或她？对于大龄的各方面条件都一般般的剩女，还有那些收入较好房车具备的工作体面清闲信心爆棚的离异带孩女，你们得知道，男人们找你们一般是找不着体面感的。你们找他们也同样没有体面感，只是，人家是可婚可不婚的两可态度，你们则是必须婚非得婚的决绝气势，背水一战的你们是顾不上计较男人是否体面的。男人找你找不着体面感，就想你得给他带来其他好处，比如把你拥有的物质资源与他一起分享，如此才能激发他们跟你一起混下去的兴致；你却偏偏认为不管是谁想结婚、谁拽住谁不撒手的，男人都得跟你先同苦再同甘，若已然没同苦机会了，他们就不配不该蹭你的甘甜，否则他们就是不爱你本人，就是吃你软饭。

　　男人一旦看透女人们这么粗壮的防护措施，他立刻就精神阳痿了，就懒得再应付你了。男人心想，你的钱不给我用，那我找你图啥？

婚姻就是交换条件的固定伴侣同居形式。

的确如此，作为与女人同龄的男人，就算他们事业上经济上都一塌糊涂，介于咱国需婚求偶的剩男滞女比例失调，以及传统婚恋观中大男配小女的习俗，男人再次择偶时除了特殊原因外，都会找比他小一些甚至小很多的女人，且还都找得着。找小女能满足男人的虚荣感自负感，即便这小女也一无所有加一无所长，但男人领着她们会多分泌雄性激素——能啃嫩，说明男人有本事有魅力嘛。假如两个女人由他选：一个是虽未婚却历经 N 男的沧桑女或拖儿带老的离异女，对方防他跟防贼一样，生怕他占了自己丁点儿便宜的同龄人；另一个是虽然也没物质资源给他分享，但听他哄受他吓，依赖他信任他，姿色就算一般也皮光柔滑水多胸挺的——你叫男人挑，男人若放弃后者找前者，他要不是精神错乱才怪了。

　　说回开篇的女主人公，你应该明白了，这个男人对他前妻他女儿的安排，都基于当初他认为你能接受只剩肉身的他，可惜你没他想象得那么慈爱，你想把他变成你的贴身侍应生，又不肯掏钱购买他的服务，他才离你越来越远了……假如你能把他和他闺女都接进你的别墅，替他养闺女、也不惦记他因愧疚交给前妻的家产，我想他会对你很好的。当然你肯定不同意这个假如对吧，你会认为花钱买男人既侮辱你的人格也贬低了你的价值吧？理解并支持你的不同意，但不理解不支持你为何排斥用自己的条件换取人家的相随，你又不是他的梦中所想。动物界有食物链，男女间也有食物链，当女人皮糙肉粗的时候，就不要幻想牙口尚好的男人能为你例外了，若有，也是换来的。

他
出
轨
你
出
什
么

某顺经常接到紧急电话，都是大月份孕妇或新晋妈妈的求救哀号，内容只有一个：发现男人有相好了或男人提离婚了，要怎么对付这天打雷劈都不够惩罚分量的坏种？

每次伊们泣不成声地追问，"他的背叛真是男人的本性难移么？为什么他老惦记其他女人，我的心却始终在他身上？"每次姐都肯定地告诉这等婆娘："本能及人性是基因问题，都没法儿修改；他偶然出轨或频频出轨，只是因为他的贪婪本能并非他能控制或他肯为你控制；你至今或最近没出轨过，也只是因为眼下你还顾不上出轨，一个大肚子或新妈妈或新媳妇哪有工夫琢磨其他男人，等过几年孩子大点你相对清闲时，再看你是不是和他一样也想三想四？当然，彼时你或许仍不会出轨，但彼时你的不出轨八成是找不着合适的出轨对象，而非你没有出轨的心。"

不知某顺这当头一盆冰水能让多少女人冷静下来，但至少每个哭泣的大妞都因此控制住了揪住"男人恶劣品质"不撒手的熊熊怒火了吧。的确，有些事可为，咱就努力为之，比如保卫婚姻；有些事不可为，咱就松开手放下纠缠，比如改造男人。女人们总是不相信，你连自己的认识都无法着调的时候，你又如何提高男人的可靠系数？不是每个男人都会在诱惑前放下操守的，但男人面对诱惑时由于背叛门槛过低（多数女人即便确认男人已背叛自己，她也决不离婚），让男人的心理防线低到无穷低，他都知道你拿他横竖没辙了，他还犯得着对你表示贞操敬意么？所以，当女人让男人知道了你的底线就是没底线时，女人你也不要指望男人的底线是有底线的不脱裤子了。

　　姐早说过，不论男人女人，TA 爱你时，为你保守贞操都是轻而易举的事儿，因为 TA 那时满脑子琢磨的都是你，眼睛根本顾不上看别人，一个人精神一旦难以分神，行为也自然专注认真；但 TA 不爱你了，你还想 TA 为你束紧裤腰带，那可就真难够难太难了。此时的 TA 已然不以为 TA 的身体还归你统辖，更不以为 TA 活该用守节来报效你；此时的 TA 一切行动都不听你指挥了，或身在曹营心在蜀汉甚至西南某小国都有可能，就是偏偏集中不到你身上。此时的你如果有办法让 TA 怕你，比如离婚就叫 TA 一文不名或从此潦倒，或能勉强给 TA 的裤腰带打个 TA 一时半会儿解不开的死结，但 TA 指定会因此仇恨你、会想方设法脱离你的监管。你有办法把一个人摁在婚姻里，但你很难把这个人的心也摁在婚姻里，就算 TA 从此没机会出去撒欢

一个人精神一旦难以分神，行为也自然专注认真。

了，你将看到的也只是和你从此完全陌路的 TA。

女人们继续发问："为什么他的心倏忽就远离了我？"唉，这就又回到了前面提到的人性本能上。**人本来是不讲专一和永恒的，而是具有喜欢就在一起、不喜欢就拜拜的随意属性**。但文明社会需要稳定，需要灭欲，需要人们穿着衣服互相彬彬有礼，在整体认同礼遇的大环境中，我们要一起压抑那些动物性的本能渴望，以期实现和谐进步的理想。若有人不小心露出了他的本能，其他人，尤其是他的伴侣，当然受不了这挑衅。好比上澡堂子大家都脱衣服、开大会时人们都衣冠楚楚一样，本能的东西只适合自己咂吧、偷偷释放，不适合当众展览、公开示威。所以，姐让不小心洞悉了伴侣本能的女人们都淡然点、镇定点：他只不过没夹住屁股，并非十恶不赦，他只要还肯穿戴整齐跟你走，你的婚姻就还是原样的，千万别当他被其他女人用了，就不是你的原配了，既然你信奉恒久远才是婚姻典范，那就接受他被本性拉离你身边的那几次出格吧。

以为背叛就是天塌地陷的女人们有时会咬牙切齿地表态，说她"再也回不到从前了，不容许男人这样对自己"。某顺对有情感洁癖的大妞老妞都说过同样的话——你可以离婚、可以踹了他，但你和他分手后，能确保再不找男人了么？如果你还要再入围城，相同问题就还可能出现，那时你准备再离婚么？你不嫌折腾么？女人们，请你一定相信，你斗的不是他，而是人之本性。斗他太容易胜利了，严加看守、逼他签订出轨就净身出户的不平等协约,实在不成连割"丁丁"都是打败他的办法。但斗人之本性你绝无胜机，因为即便他没机会胡搞了，他内心里还可以浮想联翩，他甚至对着你都没有激情了，你还能把他咋地呢？因此，他出轨，你应该出城，而不是出自己的人生，更不是出自己的糗：用"我不离婚我拖死你"来对付他，那可真是他当下最需要的待遇。

没钻别想打深井

某顺在解答妞们的情感问题时，曾说过这样的话："男人心里有的女人可能是一个，也可能是很多，而且他心里有不等于他命里有。某顺看他最多偶尔和那女人见个面，就算上床了也不是天塌地陷的事，他不是还得回家、还要和你过下去么？此事不用深究，你们以前夫妻分居，他寂寞，在外面有点情况也是正常的。记住，只要不想离婚，就管住好奇心和碎嘴。"

有妞就不明白了，为什么不深究？难道女人没条件离开，就只能忍耐男人的出轨么？就只能打掉牙往肚子里咽么？难道女人的命运只能这样么？难道除非等女人也奋起直追，有条件了、比他优越了、能离开了，才可以把自己忍受的痛苦都说出来么？

某顺做了四年多的婚恋咨询，最大收获是将自己从最初一味袒护同性的偏激女权分子，变成如今不再偏向某一性别的人权中立者。

一场战役能否完胜并全身而退，要看你拥有的软硬件战备设施。

即便如此，男人仍以为我有歧视，女人也开始怀疑我的立场，无他，盖因某顺从只抓住男人扇耳光，变成了不论男人女人都扇耳光，结果被扇耳光的男女都嫌我不客气了。比如上面这位妞发出的疑问，就显示出女读者的不满，问某顺为何要女人隐忍，怪某顺没有带头抗击男女不公的社会。唉，我要说你和你代表的那群女人已然糊涂到脑子灌浆还自以为是智能细胞超常增值的地步，你肯定会以为我侮辱了你们的人格，但问题是我怎么才能让你等醒过来？这实在是个艰巨的任务，叫某顺一筹莫展，只能继续苦口婆心。注意，是苦口婆心，不是甜口娘心，所以别指望我能说出多好听的，摆事实讲道理、不偏不倚，才是某顺追求的目标。

你问，难道没条件离开就只能忍耐对方的出轨？我想反问一句：你不忍耐，难道还有其他招儿来阻击或反抗他的出轨么？一场战役能否完胜并全身而退，要看你拥有的软硬件战备设施。既然你没条件和人家对抗，离婚对你来说即灭顶之灾，你说你还能拿人家怎样？若不忍耐、不装无知，你是发了脾气也捍卫了原则，但人家因此非要离婚，害你如丧家之犬时，你告诉我，是逞一时之能，还是先憋住火气？忍耐不等于接受，你忍耐是因为你不得不忍耐。某顺巴不得你们都不忍耐、都揭竿而起、都像个大写的人一样，把那渣男的丈夫一职直接废掉，可惜你没那能耐，你离不开人家，或离不开人家带来的生活，那你也只有忍辱偷生了。

没办法，这是一个需要折中衡量的世界，你要了这个就要不了那个，你维护了原则就维护不了感情。我们的婚恋原则本来是让相爱的人在一起，可婚姻制度把原则变成了让没法分开的人在一起，那么，当感情和原则脱离时，你再强调当初他是怎么追你的，你们怎么同甘共苦的，他怎么对不起你的，都是废话。**没人会理解你硬拽住一个不爱你也对你不好不忠的人的执拗，但大家会同情你失去他就失去生存手段的惨状**。所以，你可以不忍耐，前提是你够自立，有他无他都一样活；反之，你不自立也不忍耐……难道你能耐得可以上天了？这边靠着人家生存，那边还有本事要人家俯首帖耳？经济基础决定上层建筑，经济基础同样决定家庭地位，我不信一个没地位的女人，竟然会让男人胆寒，除非你时刻拎把刀威胁着要割他"丁丁"。不过那样的话，男人为了生命安全也会跑向天涯海角的，那你就活得更失败了。

另外修正一点你的误解：某顺从来没说过"只有女人比男人优越、能离开男人时，才能把忍受男人出轨的痛苦都说出来"——我只说过要忍耐，而不是叫你完全闭嘴。你可以发火，可以骂他，可以悲愤交加，可以耍脾气不理他……这些激动情绪都可以有，但只限一次。因为男人最讨厌听车轱辘话，尤其是诅咒、谩骂、侮辱、蔑视、挑衅人家的车轱辘话。知道他出轨了，适当地表达下义愤、不满，都是可以的，否则他还以为你根本不在乎他呢。但诅咒、谩骂、侮辱、蔑视、挑衅之词，只表达一次就够了，你端的是个态度而非劲头，懂不？既然你没势力灭人家的性欲，那就灭掉自己对人家的控制欲吧，谁让你现在离不开他呢？

瓜籽有仁不在大

针对某顺的上一篇文章，有读者在看了之后，回复了一封信给我，全文如下：

首先声明不是针对你的集中问答有意见，钦佩你所以才来看你的博客，我是想替一种内心无力反抗的声音寻找相对合理的终极答案。虽然在这件事情上根本没有终极答案。在你的理论内，四年的修炼让你的理论完美得只有平衡与和谐，因为你要统筹兼顾各种各样的声音，包括对第三者和婚姻的攫取者。

女人在知道男人出轨的情况下只有两个选择，简单来说是，离或不离。

一、学勾践卧薪尝胆，奋起直追，等到条件相当，有更大的发言权与左右的力量时，用实力证明，来唤回他的心；或者大吵大闹后，忍辱偷生，委曲求全唤回他的心。

二、或者被逼离婚，或者主动离婚。但按你的说法，即使离婚，对于年龄大有孩子条件平平的女人来说，离婚后的情形相对来说比第一种还要惨，因为你说的经济条件独立是相对的，1000 元以上月薪的都可以带孩子独立生活，所以你说她们更加惧怕的是人言可畏，和头上没有家庭、没有男人的头衔。所以女人（也包括男人）知情后面临的两种选择都是痛苦的，不是说知情的可以谴责不知情的，因为问题的关键在于"知道了情况"，否则大家可以相安无事，也不会出现纠结。

所以知道了情况，对于女人（也包括男人）来说结局肯定是痛苦的。我的远房亲戚就是知道情况后选择忍耐和好，但是内心真正能放下的又能有几个呢？放不下的就是死路一条，后来她从乳腺癌开始，得了多种癌症并发，去世了，让人可怜也让人无奈。

所以知情后的选择，是把离、不离、生和死四个答案放在心里的天平上不停地衡量、比较，不可能有百分百满意的答案。生也是痛苦的，死也是不舍的，因为矛盾所以更加痛苦。

从社会上的方方面面来看，女人占弱势的多（像你一样优秀的除外）。按你的理论，经济基础决定上层建筑，决定家庭结构，所以更多的知情女人是处于弱势的，是忍辱偷生的，是含泪看着前夫跟小女人幸福的，是要学会将痛苦甘之如饴的，而你的理论可以帮助这样的人减轻痛苦的程度。除非她们可以奋起直追，但有这样能力的人毕竟是少数，尤其是有了一定年龄的女人。

所以按你的研究"成年人的婚姻都很痛苦的"来看，天下不幸的女人一定很多。非要离婚，结局就会成为丧家之犬；不离婚，也是忍辱偷生的有家的无奈之人。顺顺，你说公理何在？你的理论在深究什么，到后来也不过是挨个地骂。

写完上篇《没钻别想打深井》后，某顺心里已经决定再不搭理原地转圈式的提问了，因为绕来绕去还是老一套，我哪有工夫老陪着绕弯子。但看见这封信，这封显然是用了脑子也费了工夫写来的信，我还是决定再做一次无用功，无用功是指我知道我说一万句顶不上你一句"我不听也不信"，我这次肯说，不是为你，而是为那些我说一万句就能疏通打开的榆木脑袋。

按照你的格式一条条来对解吧，不用强调什么语法修辞方式。我拿你还有和你一样的质询探讨者，从来都当是和我自己一样平起平坐的人，从来没因对方匿名或无名就轻视过他，这个应该从我时而发飙逗闷的回帖上可以看出，所以本文不管什么立场，都是我一人之见，都是我被迫表达，不能又当作我欺负弱势的证据。请先记住两点，一、这是最后一篇表白我不绕弯子立场的答复；二、我是被迫表白的，出于尊重你写这么多字的目的。

"我是想替一种内心无力反抗的声音寻找相对合理的终极答案。虽然在这件事情上根本没有终极答案。"——什么叫合理？这个问题我认为你是不明白的，合理的东西未必合情，合情的东西未必合法，你要的其实是合情的答案。但在针对配偶身心背叛这个问题上，你的合情未必是他的合情，你的合情仅仅是不放弃婚姻、维系你们原有的感情，可惜他对你没感情了，他在意的一般是面子、是习惯、是舆论、是舒适度。我曾说过，不，应该是哲学家说过，"你能把一匹马牵到河边，却无法使它低头喝水"。某顺如今在做的事情，不是寻觅什么终极答案，也不是挖掘什么绝对合理，而是告诉你事实：那匹马不渴望你的时候，你是没法叫它俯首帖耳地亲近你的。**认识和接纳客观现实，并不羞耻，羞耻的是像拉磨的驴子一样，始终蒙着眼罩在黑暗里转圈，还以为自己走出了很远。**

"在你的理论内，四年的修炼让你的理论完美得只有平衡与和谐，因为你要统筹兼顾各种各样的声音，包括对第三者和婚姻的攫取者。"——你这句又错了，你认为某顺有理论，某顺不认为，我从来都是一个实践者，在别人的诉说里寻找规律而不是理论。而且我也不会为了兼顾各方声音就"力争平衡与和谐"，你若用心研究下其他婚恋咨询师的文章，你就会明白，某顺始终是不肯妥协也不肯兼顾的独行者。若以为我同情第三者、宽待出轨者、可怜大婆们，那就错得离谱了，其实我同情、宽待、可怜的仅仅是人，是感情，而不是某种身份。当我以每年上万封来信的浏览量来阅读人性的时候，我以为我只有保持中立的资格。在真实面前，你任何的挣扎和狡辩都是无力的。你认为我有理论我自诩完美，我认为我前面的路还长得看不见尽头，我没理论更没完美理论一说，我其实只有一点优势，那就是我看得比你远、比你全。

中间你的转述部分略过，因为那实在没什么可反驳的，现实而已，接受不接受都一样，反正人生如斯。来反驳你最后这段："所以按你的研究'成年人的婚姻都很痛苦的'来看，天下不幸的女人一定很多。非要离婚，结局就会成为丧家之犬，不离婚，也是忍辱偷生的有家的无奈之人。"——某顺的研究结果是"成年人的婚姻都很痛苦"么？貌似不是吧，我从来没这么讲过。幸福是感受，你以为你幸福，你就是幸福，别人的看法不能代替你的感受。所以我绝不会说婚姻都是痛苦的，相反，我一直在做的事就是鼓励大家在不快中寻找快乐，在自以为不幸中肯定还算幸福的一面。天下不幸的女人是很多，但也不至于每个女人都不幸，或每个女人的一生都找不到幸福感。我认为幸福是相对的，不幸福也是相对的，即，婚姻全程可能不算很明媚，但某一阶段女人都幸福得一摊烂泥般，不然她哪有心思嫁人养孩，并有决心将婚姻捍卫到底？

看到你的最后一句："顺顺，你说公理何在？你的理论在深究什么，到后来也不过是挨个地骂。"——这才让我明白你不是抬杠的，你是真的不懂人生和人性。所以上面的文字就算送给别人的吧，只和你说一点：公理是大家都能接受的道理，婚恋男女中的公理，只有

幸福是感受，你以为你幸福，你就是幸福，别人的看法不能代替你的感受。

你们彼此的问题，若他不接受他反对，那就不算你俩的公理，你维护的也只是你的自我和自私。话说"某顺的理论在研究什么"，我说了我没理论，我只有认识，所以我希望你也有你的认识，只要这认识能让你得益，我举双手支持你坚持你的认识。其实，我举不举手都次要，主要的是你自己要坚信，最怕自己都不信还非要说服我去跟随附和。另，我从来没觉得自己在"挨个地骂"，你要有这看法，是你的遗憾，因为你有你要坚持的信念，你就不该来看我"骂人"。懂与不懂的境界是相差很远的。

而且，我骂有用么？没用，那我为什么要骂？我骂对我有什么益处？没有，那我为什么要骂？只有一个解释了：有病的吃药能救命，没病的吃药会中毒。顺便说下，我之所以还在为无聊又无解的问题重复工作着，那是因为群众有需要：有说一句顶一万句的需求者，也有说一万句顶一句的需求者。

婚姻死穴在哪里

死穴意为致命之处。婚姻的死穴,即:致使婚姻解体或死亡的致命问题。每个家庭,每对夫妻,对婚姻死穴都有不同的认识和感受,这取决于夫妻双方的文化层次、耐受程度、对婚姻生活及配偶表现的期望高低,还有性别性情甚至人格智商等差异带来的不同体验阈值。

为掌握人群中普遍性的婚姻死穴,某顺做过一个问卷:"你认为婚姻的死穴是什么?"并给出一些选项,请答卷者选择他/她最不能忍受的问题,也是他/她认为婚姻中绝不能碰的死穴,包括身心出轨、冷战家暴、婆媳关系、没有共同语言、性生活不和谐、重大疾病、两地生活等"常见命门"。最后得出的结论也正如某顺前面所说,因人而异,不同的家庭和不同的个体,对婚姻死穴有不同的认知。

身心出轨,是多数人首选的婚姻死穴,可见人们对忠贞的追求,已经根深蒂固到任何时候都不能忘却,甚至有男性说"有什么也不能有绿帽子"。社会价值观的瓦解和信仰的缺失，都没有阻挡住占有欲的继续蔓延，说明人性深处依然是霸道的自我的。彼此忠贞本该是有爱的证明，现在却要证明是不是有操守了。当爱情不复存在，你若还想维持婚姻，也只能忽略曾经"我只要你 / 我只睡你"的誓言，此时，仍把身心出轨当婚姻死穴，显然是忘了你辛苦维系婚姻的目的。

家庭暴力，成为婚姻死穴是必然的，不管冷暴力热暴力，若人们在婚姻里体会不到情爱、关怀、怜惜，还勉强在一起干什么呢？家暴对女人而言是噩梦，是摧毁女人意志和感情的重要手段，可惜太多傻男人不懂这个，总以为他的拳头能征服一切，能把女人打醒、打服。除了脑子混沌成一锅粥的且没有独立生活能力的无能女人，可能耐得住男人的拳打脚踢，有见识有魄力的女人都在第一次家暴后就开始了离婚准备。这是我国多年女权运动的最伟大成果，即便女人依然不能主宰世界，但女人应该能主宰自己的命运、不让婚姻变成自己身体灵魂的炼狱。另外，互不理睬的冷暴力也极具杀伤力。不过，冷暴力往往与感情破裂和性生活不和谐等因素有关。

性生活不和谐，作为婚姻死穴是时代的进步。过去很多妇女床上吃不饱，只能靠偷偷自摸或常年隐忍苦熬，很多男人也为此到处寻花觅柳、纳妾嫖娼；现在社会进步了，观念更新了，"性生活不和谐"也能作为离婚理由被法庭认可。所以现在的你如果性生活上互相不满意还坚持不离婚的话，只能是自找难受了，也更容易为你的婚姻再制造出如"身心出轨""家庭暴力"这样的死穴来。一个死穴还难

大部分家庭都存在着或曾经存在过这种或那种死穴。

解呢，要是浑身死穴……你的婚姻真是必死无疑。某顺不主张仅为性元素选择婚姻对象，但考虑到性是婚姻不可或缺的内容，建议大家在成婚之前后，都尽量避开此穴或被点穴后争取尽快脱困，以免深陷深痛。

没有共同语言，的确是最无法言说的一种婚姻死穴。本来两个人的结合应该有"相爱相知"的前提，而相爱相知必得互相了解互相认同，可惜很多人的婚姻之初，或只重对方物质，或是一时冲动，或为摆脱单身状态就忽略了门当户对……互相了解互相认同的婚恋原则被忽略，一起生活后又不甘心妥协让步和接纳对方，最后就变成了鸡同鸭讲、各自执拗。相对于前几种死穴，没有共同语言的两口子往往是最悲哀的，因为他们自己说不出有多难受，没受重伤却元气尽失，想分手都找不到借口：双方都是好人都顾家，分开吧，遗憾；不分开吧，别扭，只有继续内耗，什么时候熬到一方出轨，这个死穴就算有解了。

两地生活，本是一个完全可以避免的死穴，却被人为点击，这纯粹是某些女人太没理智和某些男人太罗曼蒂克的结果。现在社会交往这么容易，人们的观念又这么活泛，天天在一起都备不住心花乱坠，一旦配偶不在身边，没人监督的自由，加之眼前招手即来的诱惑，想不犯错都难。等错误酿成，婚姻八成要重新洗牌了，不洗没办法，女人能和对方睡出感情来，男人能和对方睡出亲情来，女人离不开如火如荼的刺激，男人离不开近水楼台的享受，等最后只能割舍一方时，他们往往不论割舍哪一方，原有的婚姻都很快就不能再继续了。因为长期的两地分居，已经让他们成了完全陌生的两个人。在一起，是婚姻完整的基本条件。

重大疾病带来的死穴不常见，这里就不多说了。夫妻本是同林鸟，大难临头各自飞，能理解，但不好支持，毕竟讲道义时就违逆了人性。还有男人说"婆媳关系不合"是婚姻死穴，这类男人的脑子估计是穿越到窦娥时代了，你连谁跟你过一辈子都不知道，你还有什么资格结婚呢？碰上跟你妈不和睦的媳妇你就快离婚吧，也好有机会让你妈陪你一辈子。像"婆媳关系"这种死穴是典型的封建夫权遗臭，建议婆娘们择偶时多观察下男人和他妈的关系，若他对他妈唯命是从，为减少婚史，都请绕开愚孝男吧。

最后还要特别强调的是，所谓"死穴"也因人而异，并非所有人都对这些"死穴"敏感。假如你有足够的耐受力和独特的价值观，哪怕所有死穴都集中在你的婚姻里，也不见得真能使你的婚姻死亡。事实上，大部分家庭都存在着或曾经存在过这种或那种死穴，但这些家庭并未解体，通过自我调整和互相磨合，婚姻就在不完美的状态中继续下去了。是的,若这个婚姻中还有更值得珍惜或不舍的东西，就足以支撑你忍受这些死穴。

白头到老不必要

咱国传统婚恋观里有一条是很扫兴、也很不现实的，即携手到老。自双方确定男女朋友关系的那天起，绝大多数女人和一部分男人就开始琢摸了：这个人会不会和我生同寝死同穴呢？婚礼上"百年好合"的横幅也是最醒目的，每一个证婚人都鼓励新人们要做一辈子夫妻，要白头到老，每一对新人都以为他们的结合开始了他们人生的幸福篇章，他们一定会白头到老。但幸福是主观的、抽象的、有差异的概念，你以为幸福的点点滴滴，在别人眼里或许就是痛苦的层层叠叠，因而我们总是想不通人家为什么过不下去了，也总是想不通自家为什么还得继续忍受。

因为相爱走进婚姻，因为不爱走出围城，这本身是最好理解也最该被接受的事儿，可多数女人和一部分男人都执拗地认为：合，可

人生总是轮回在一个个好了伤疤忘了疼的魔咒里。

以；分，绝不可以。他们笃定婚姻就是从一而终，就是永不分离，就是死扛到底，这观念使得爱情已经消失的男女，陷落进他们自己挖就的深坑，有涵养的还能做到相爱不成相伴，没涵养的则是不相爱便相厌。让两个互相厌恶、彼此痛恨的人继续维持夫妻关系，他们真和死刑犯一样悲壮，白头到老的理想即便得以实现，相依相偎的需要却永无满足之日。之前人们追求"百年好合"，没想到这日子过着过着成了"凑合到死"，就这你还不敢轻易说分手、不敢轻易劝人分手，因为咱国传统里还有一条更执拗的所谓圆满的陋俗：哪怕再不堪再破败的婚姻，也要保证、保持、保护它的原始完整性。

白头到老，其实是一个玩不起也输不起的潜规则，如同上牌桌前就放言"你不让我赢，我就不下庄"，作为许愿或宣言它都有点赖皮。谁也没本事让自己做到永不分心、永不变化、永不斜视，谁也不知道明天会发生什么事儿、后天会遇见什么人，一旦自己或对方的心突然被更强大的情感掳去，我们是继续往前走呢，还是使劲往后挣？和相爱的人在一起，这是我们曾经的誓言，如今相爱的人换了，我们该和谁在一起、又能和谁在一起呢？多数人会说，"还要负责的，哪能想合就合、想分就分？"……好吧，听大家的，我们负责，我们违逆真心实意，我们假装长情、假装道义，这些都能做到。但我们做不到的是，心里装着新欢时还能如以往一样对待旧爱。当旧爱成了你的桎梏你的磨难你的苦恼时，就算你还能跟 TA 白头到老，TA 会感觉到幸福么，或者你认为 TA 还幸福么？

有的夫妻闹了几十年，在孩子成人离家后，他们自己也年过半百了，分手条件都具备时，他们却放弃了分手打算，盖因他们突然认识到，人生最好的时光都被他们糟践完了，如今老都老了，再分手还有什么价值和意义呢？这样的金婚银婚比比皆是，百年好合的初衷成了长吁短叹的无奈。只是他们老了、不挣扎了，又开始期待小辈们百年好合，人生总是轮回在一个个好了伤疤忘了疼的魔咒里。其实我们原本还可以有另一条出路，**相爱就抱在一起、不爱就及时分手，这本是最对得起爱情也最对得起双方的出路**。可由于咱国社会福利跟不上，弱势妇孺都要靠婚姻维持生计的现实，再夹杂几千年来的大一统思想，不爱也不能不敢不想分手，渐成婚姻特色。好在世间万物都是利弊相抵的，不分手也有不分手的好，至少"离次婚穷三年"的问题不会困扰老实人了。

　　离不了婚你难受？活该。进城是你选的，不出城也是你选的，既然那道城墙于你而言是万分难迈的，那你就安静地享受城里的各种荼毒各种黑暗吧。在离婚不会被沉塘和绞死的今天，你选择不离婚，就得忍受不离婚的种种难忍。有些人因此纠结得不行，说受不了，不能想象后面几十年都这么憋屈地活，某顺都劝 TA 放弃幻想：当你们拿婚姻当此生最重要的事业时，为你们最重视的事业奉献你们的终身快乐是别无选择的选择。你还敢坚持白头到老么？还想坚持白头到老么？姐说没必要白头到老，你们以为姐得过且过，姐说过程胜于结果，你们说结果大于一切……哎，能携手到老你就携手到老，不能百年好合你就不能百年好合吧。

一别两宽各欢喜

离婚对于咱国的多数女人和一部分男人来说，估计和要他命是差不多的分量。某顺常听到这样的话："我不知道离婚后的日子该怎么过？"这是不是匪夷所思？离婚不过是一屋里住着的两个人分开了，又不是送哪一个下地狱，怎么会连日子都没法过了呢？所以某顺有时会劝绝望的人：离婚后还是和离婚前一个过法啊，只不过熟悉的那人不见了。结果那句"熟悉的那人不见了"更让他们抓狂。原来他们都不想从头开始再来一遍，尽管他们闹离婚前很可能早出轨或被出轨过 N 遍，但让他们放弃熟悉的人熟悉的生活环境，他们还是不乐意、不敢想象。

为什么国人会如此害怕离婚呢？离婚到底会夺取我们的什么、又毁灭我们的什么？某顺总结了离婚的不利面或坏处，发现有以下内容或能狙击人们的离婚企图：

1．进城过程比较繁冗跌宕，搞得当事人一进来就懒得出去了，因为这边出城那边还得再进一城……他折腾怕了。相爱的人也可能恩断情绝闹分手，若是为结婚曾经付出不菲代价，比如与家族亲友闹翻，抛弃了熟悉的生活环境和良好薪酬的工作，高价娶了她或倒贴过他，凡此种种都可能让付出多的一方拒绝离婚。

2．婚后曾经有过相当甜蜜和谐的时期，伴侣有缺点但缺点尚盖不住优点，尤其是伴侣曾为自己或自家付出不少。人非草木，孰能无情，想想他那些付出，要离婚或被离婚的当事人就犹疑了：他不是坏人，他没大错，我应该放弃他么？而且，即便离了，又能找着比他好的人么？这最后一问一般出于女士之口，不相信明天会更好是咱国上了年纪、经历过婚姻的女人的通病。

3．有孩子且孩子还没长大。担心孩子因离婚受伤受苦，是多数想离婚的男女的共同软肋，而且人们普遍以为"原装家庭"才是教育抚养孩子的最好地盘，就算那个爹整天夜不归宿，有些女人依然觉得自己孩子"至少父母双全"，万一跟混账男人分了，孩子上哪儿找父爱？而男人们一般也认为，就算老婆再不如自己的意，看在她是孩子亲妈、她照顾孩子最尽职的分上，他自己又没能耐惧或怕带孩子，那就凑合着过吧。由于中国父母对孩子的呵护往往是终身制的，这导致有些男女为孩子将就了一辈子。孩子小时他们"等孩子长大就离"，孩子大了他们说"离婚会影响孩子的婚恋"，等到孩子也有了孩子后他们更是不能离了，因为都爷爷奶奶辈了，合伙看孙子要紧，给儿女留脸更要紧。如果孩子身体有残有病，那他们就基本没胆离婚了，谁一人能管得了这孩子几十年？为可怜的孩子一起熬吧，稍微有点良心的病孩他爹妈都这么想。

4. 离婚会严重影响或损害一方甚至双方利益时，也会阻挡怨偶分手。有些夫妻的婚姻与工作紧密相关，一旦放弃婚姻，从经济利益到社会地位都会大受冲击，为保全现有的一切，他们只好人前继续假装相亲相爱，根本不敢考虑分手，尤其是那种需要配偶支撑才能继续过好日子的人，让他离婚等于剥夺他继续享受的权利，为此他们更是宁死不离了。

5. 还有些人誓不离婚，是因为他们脑子生锈了，完全轴住了。他们以为婚姻隆重到只许进不许出，他们认定一旦离婚就代表着人生的严重失败，名誉的彻底破产。他们强调结婚宣誓时"说好不分手的"，却忽略了婚姻也是一种合同形式，法律保护合作双方的解约自由。当然，也有人拒绝离婚，仅仅是想报复配偶，或自己的下家还没找到就不想早早放弃上家。自私有时会让一个人三观不正、五官挪位，宁可玉石俱焚也不给对方活路的婚姻观，实在不好说是传统的力量还是人性的悲哀。

6．咱国有个约定俗成的一般认识：凡闹离婚者，都是敢于开创新生活的，保守的人不离婚，传统的人也不离婚，负责的人更不离婚。所以，那些因为过不下去就想离婚的主，无论男女，离婚前一般都辗转反侧寝食难安地思考、掂量离婚后将面对的舆论压力。多数国人都怕被人非议，怕自己的行为与主流思想背道而驰，怕自己因离婚被他人贴上了"没用""窝囊"或"不负责""不道德"的标签，为了证明自己是个负责男人或魅力女人，很多人也要把一遍遍闪现的离婚念头一次次打压下去。当离婚跟人品挂钩时，好强认真的人们更乐意维持婚姻了。

其实，咱国历史上是有离婚传统的，西周时男人可以提离婚，女人也可以提，过不下去就一拍两散，自然畅然。秦汉后女人成了男人的附属，不再具备提离婚资格，男人想离婚，只要出具女人"七出"罪名，一纸休书就能把女人打发回娘家。辛亥革命后男女平等了，文绣跟废帝溥仪都公开离婚了，老百姓也渐渐接受了婚姻的正常解体。也其实，**不是每个婚姻都有必要存在，若双方感情不睦、彼此厌恶、继续凑合的代价是难以想象的别扭、痛苦，及时放手、给双方活路，才是对感情、对配偶的最好交代。**唐朝那篇老公写给老婆的"解约书"上，我们看见了诚挚祈愿——"一别两宽，各生欢喜"，只因当下仍有太多人不懂各生欢喜的重要，才让我们的婚姻越来越不堪入目。

CHAPTER 4

也就这点窗户纸

雄雌是平等的，
男女是互利的，
性爱是双赢的，
赢在都有收获、都有满足上。

男人的话别全信

扫码分享电子版

男人说，他不在乎女人的外貌，只在乎女人的德行操守、才华和素质。你甭全信，他八成哄你玩呢，其实男人见了外貌好的女人都动心，只有他搞不上外貌好的女人时，他才会对外貌不咋样的你说，他喜欢的女人必定有内涵。

男人说，他不介意女人罩杯大小，只要不是飞机场就成。你甭全信，他八成哄你玩呢，其实男人目睹大波妹的第一时间就开始分泌性激素，只有他摸不上大咪咪时，他才会对小咪咪的你说，咪咪的功能是喂孩子，不是喂他。

男人说，他"功夫"厉害，曾让某女尤其是他老婆十分眷恋他，并夸口他能让你欲仙欲死的。你甭全信，他八成哄你玩呢，其实能干的男人都懒得吹嘘，只会说"你试试就知道了"，而不会先自夸能摆平一车皮女人的性饥渴。

男人说，跟你做爱很刺激，才使他一触即泄，换个女人都被他折磨到嗷嗷叫也很难泄的。你甭全信，他八成哄你玩呢，其实早泄患者不可能换个女人就能不早泄了。正常男人只会因为稀罕你，而表现得更持久、更雄壮、更像爷们儿。

男人说，他不想和你的感情中有污浊，所以他不能和你有金钱来往，尤其是他不能为你花钱，否则他有买春嫌疑，也怀疑你对他的感情深浅。你甭全信，他八成哄你玩呢，其实男人越在意哪个女人，就越舍得为这个女人花钱。

男人说，他不想现在娶你是因为事业未成经济不好。你甭全信，他八成哄你玩呢，**其实男人真爱一个女人时，最想做的事就是即刻把这女人变成他的家人，要是能在事业低谷期和没钱的时候迎娶她，更说明他有本事有吸引力。**

男人说，他不在乎处女膜，但在乎你的诚实信用，所以他希望你交代全部情爱史。你甭全信，他八成哄你玩呢，其实说这话的男人都有两手准备：在知道你非处后要么离开你，要么从此捏住你的小辫子，逼你为他奉献你一生。

男人说，他不在乎女人挣多少钱和有多好的家世。你甭全信，他八成哄你玩呢，其实再有钱的男人也希望女人事业自立、物质丰裕，若你实在只能做家庭妇女，男人找你就只为享受 5 星级的免费服务，不是爱你而是爱他自己。

男人说，分手后他从没忘记过你，一直深爱你。你甭全信，他八成哄你玩呢，其实已有家室的他目前只想弥补当年没睡你的遗憾，若你心甘情愿被他的糖衣炮弹打倒，最终认栽的只能是你，他提起裤子就走人了，你从此成为怨妇。

男人说，他觉得他配不上你、给不了你幸福，所以要和你分手，哪怕他为此痛苦半生也得对你负责。你甭全信，他八成哄你玩呢，其实他的感情已经转移到别人身上，他为了跑得利索、跑得安心，才会把你捧成他不忍糟践的白天鹅。

另外，男人说他最看不起嫖娼的人，很可能他是看不起自己；男人说他很忙，忙到没时间给你电话，很可能是懒得电话你；男人说他不在乎你老了，很可能是他背后还藏着个妙龄妞，他在人家那儿吃饱了，当然不在乎你老不老了；男人说今晚他很累不想做了，很可能是他下午刚在外面美餐一顿，或压根儿对你没了欲望；男人说他才没心在外面胡搞，说他是个洁身自好严格自律的人，很可能是在婉转地告诉你：没有不偷腥的男人，只有偷了腥没被发现的男人……

男人还爱说哪些不能当真听的话？你来告诉我吧。

男人还爱说哪些不能当真听的话？你来告诉我吧。

女人的话没法听

女人说，张三经常对她性骚扰，李四经常和她玩暧昧，王五经常朝她表衷肠，钱六为她抑郁了好多年。你甭全信，女人的话没法听，那些整天想着法子证明自己有魅力的女人，八成是被男人被爱情都遗忘的主，想象自己多抢手，是有些女人活下去的大力丸，你别因为她有那么多人爱了就放弃对她的追求，不然她会恨死你的。

女人说，她才不在乎男人有钱没钱，只要男人对她好就成，她又不靠男人养。你甭全信，女人的话没法听，那些口口声声最自立、最自强、最自尊的女人，八成是男人没钱便立马转身的主，她不在乎男人有钱没钱的言下意，仅仅为"没钱的男人不可能是她男人"，所以你就算脑子抽筋了，也不能幻想你一穷二白时她会免费请你睡。

女人说，她最见不得光有好皮囊的男人，她最不屑做只有姿色的花瓶。你甭全信，女人的话没法听，那些标榜自己只重内涵不看外在的女人，八成是她要外在没外在，要内涵也不尽如人意，但外在不好修复，便咬牙追求内涵。只要有钱有机会，这些女人会舍得一身剐地整容，当然她这辈子也不会主动告诉你，她哪块肉动过刀子。

女人说，你是她第二个男人，第一个男人是她初恋情人。你甭全信，女人的话没法听，那些不问自答就封你为她第二个男人的，八成已有N个第二个男人了。她说你是老二，一为显得她纯洁，二来衬托你随意，三想表明她年少无知时上过坏男人当，目前因为真爱才委身于你，你要不珍惜她，你就是无耻下贱男，会遭天打雷劈的。

女人说，她可不是逼婚，但她家人老催，为不让父母担心，她才想和你早点完婚。你甭全信，女人的话没法听，那些借口家里催婚就不得不提前告别单身的女人，八成是她自己看你很入眼，又不好意思明确表示她霸占你的急切，只能打着孝顺她爹妈的旗帜，先诱你上钩再说，你若不能理解她求嫁的心思，你就很快要被她淘汰了。

女人说，她放不下你，因为她爱你而且你也爱她，她咋能放弃彼此真心实意的感情呢。你甭全信，女人的话没法听，那些说为爱才死活揪着你不放的女人，八成是爱她自己的面子胜过一切。她不见得只爱你最爱你，但现在没第二个男人可选，她也只能缠着你，她的放不下往往只是不甘心、不服气，一旦有了好备胎，她必定换了你。

女人说，她咪咪小，她想丰乳，要不然她总觉得对不起你。你甭全信，女人的话没法听，那些整天打趣自己是飞机场、没女人魅力的，八成是最自信的女人，你要是真对她咪咪的后天形势抱有幻想，你就给自己下了套，她会说你嫌弃她，将来你真看上某个女人时，她还会说她千斤情意不抵你新欢的胸前四两，好像你是恋乳白痴。

女人说，她受不了了，你那啥太厉害了，她受不了这么高强度高频率的做爱。你甭全信，女人的话没法听，那些在床上老是娇喘吁吁的女人，八成是想证明她做爱经验少，她还很贞洁很单纯，你得好好珍惜她和她的身子。你要真听她的停止战斗了，她心里立刻遗憾得不知怎么着才好，甚至还会因此横生些对你的藐视和气恼呢。

女人说，你最聪明、最可爱、最儒雅、最像爷们儿、最像她爸。你甭全信，女人的话没法听，那些把你捧成耶和华二世和现代孔夫子的女人，八成是暂且眼前没其他男人可调戏了。你得时刻记住，女人的"最"很相对，她只是用描述现实的语气来表达她的衷心期望，并希望你朝着这个方向努力奋斗。你得想想你有能力把希望变成现实吧？

女人说，她要为你烧一辈子饭，洗一辈子衣，做你一辈子的随从和亲人。你甭全信，女人的话没法听，**那些信誓旦旦要为男人奉献终身的女人，八成是脑子一时走火入魔瞎许愿，你不能把誓言当法规用。**她真嫁了你，烧饭洗衣要看她心情，若她移情别恋了，烧饭洗衣

女人说她要崩溃了，很可能她还能承受更多。

的对象也随之换了，随从亲人的说法更要看她心还在不在你这儿。

另外，女人说她最不物质，粗茶淡饭是她渴望的生活，这很可能是在告诉你，她好养活好对付，适合做你的配偶；女人说她姐妹找的男人都比她男人顾家爱老婆，这很可能是在告诉你，你和其他男人一个样；女人说离开你是因为她和你没感觉，这很可能是在告诉你，你满足不了她的重要欲望；女人说她不能接受吃软饭的男人，这很可能是在告诉你，她只想吃男人的软饭；女人亲热时说不要，很可能是说还要；女人说她要崩溃了，很可能她还能承受更多；女人说她没事时，很可能她真的快疯了。还有，女人说她性冷淡没体验过性高潮，很可能是为激发你的斗志……最后还得告诉你，女人说某顺很流氓，很可能是她的遮羞布被俺不慎扯下来啦。

男人最需要什么

美剧《好汉两个半》第七季里有一集，查理被同居女友逼婚，逃无可逃，退无可退，他只好答应娶人家。当晚，心事重重的他和弟弟去酒吧解闷，前半分钟他还在发誓从此要贞洁、要对得起将来的老婆，后半分钟他就对着陌生美女抖骚开了……查理的故事告诉我们，男人不需要婚姻，只需要女人，且这个女人不能是老添乱的妈妈，也不能是总絮叨的老婆，而只能是陪爷一起玩儿的熟女（还得是美女）。除了美女之外，男人还需要什么呢？其实这都是显而易见的事，可惜很多知性妞、气质妞、自信妞、倔强妞从来都半信半疑，所以还得劳烦某顺来撕开遮羞布——

有个调查说，男人看女人的第一眼，46% 都落在女人身体的 2/3 高度上，即胸部。现在你总算明白一块巴掌大的小布头为什么价值几百块了吧。国产咪咪有八成是偏小的，让 B 杯壮观成 D 杯的把戏，是咱国女人的最爱，也是很多男人上当的根源。虽然男人都说他没有恋乳癖，但也没男人会专门去找一马平川的太平公主。男人还说咪咪不用太大，"能掌握即可"，妞们千万别当真，他那巴掌能握一个篮球呢，你要是个山核桃，那就倒爷的胃口了，所以还是得想办法大起来。胸大才能显得腰细，腰细才能显得女人味十足。

透视完你的胸部，男人视线开始上移，看看你的脸蛋俊俏不。假如你有个大咪咪，再有张好看的脸，男人在你这绊倒的可能性就升高了N点。脸蛋欣赏完，男人的眼睛又朝下去了，这回掠过了咪咪，飞速定格在女人的屁屁上，要是你恰好有个紧致浑圆的臀部，而且两腿细长直溜，他的性欲立刻就来了——说到这儿，你该明白了吧，男人最想要的女人，只是完美的性伴侣。有了姿色，你就有了在男人面前受宠的本钱。可是讲究的男人需要的女人不止能睡，光有性还满足不了爷的渴望，于是乎，会倾听、聊得来、善解人意、出门能长面子进门能做荡妇的女人，就被男人期待了。但再德艺双馨的美女，也最好是他永远始终一直的女友，而非老婆。男人的本能就是要乱花飞渡的，你想爷只取你一瓢饮，有点自以为是，有点不切实际。

女人之外，男人还想要什么呢？一兄弟说"升官发财死老婆"。不知这话是多少男人的真实所想，至少悲观主义者某顺很信男人就这么市侩。死老婆的目的是为换女人（换小女人），虽然不死老婆也挡不住夜夜做新郎，只是有发妻在，偷都有障碍，换女人还要藏着掖着，这让男人很不爽。至于升官发财的愿望，那更是男人的本能，

男人最想要的女人，只是完美的性伴侣。

事业成功是证明男人雄壮的渠道，和男人搞女人是一个出发点，你因此必须理解男人为什么那么爱应酬那么爱值班那么爱和狐朋狗友混……这一切的一切，都源于男人的这样一种本性：绝大多数男人都在不停地努力获得社会的认可，以证明他们的存在价值，但他们永远不会满足于已经得到的认可，**他们永远在进取，永远在企图获取更多，进攻进攻再进攻，对女人对事业，男人都锲而不舍。**而社会进步就是靠男人这种勃勃的野心和贪欲来推动的，天性处于守势的女人，也因此把"终生俘获"某个男人当成一件艰难的人生目标。

其实，女人只要知道了自己是男人需求的一部分，而不是男人全部的心思，而且男人喜欢你也多半是因为你的青春你的靓丽你仰八叉般的身心奉献，你或许就不抓狂了。既然不可能完全占有他，那就揩他点油算了，他能给咱好处时，咱当他是咱的爷，不能给咱好处时，他爱哪儿哪儿去，还用得着计较他是否一心一意爱过你么？我看不用，你说呢？

情操不及性高潮

其实性也是爱的一种，女人不信男人想睡她是因为爱，但你觉得看不上你的男人会想睡你么？首先他得看上你，其次他要有留给你的空，第三他肯配合你矫情，第四你才有性生活。他看上你了，才找空和你约会，和你约会的感觉不错，他才想和你上床，来配合一把你的爱情需要。上床后睡得势均力敌、酣畅淋漓，他才有继续睡你的动力，这才是爱情。爱情是睡出来的，当然也可以睡跑。

爱情分三段：第一段是推手，互相不摸底，推手过招后就不往前走了，重新退回到朋友阶段，美其名曰"我们从不来电"。其实她和他真试过，没试出感觉而已。男女之间需要感觉，所有男女能成为普通朋友，是他们先试过了能不能越线，越不过去是因为彼此不是对方的菜，越过去了也有后悔不迭的，那是看错了菜或高估了自己的味蕾。

推手后是相扑阶段，这是指彼此有感觉的，没感觉的不提。相扑比赛你们看过，俩胖子考平衡和纠缠能力，若平衡不好，你找不到自己的位置，容易自己先失足跌倒；平衡好的，能驾驭自己的感情，能引导对方用力。相扑阶段败下阵的，都是太急躁的主，太想赢、太想一局定胜负，其实多摔几人有何不可？

相扑平手后，俩胖子并肩进入游戏下一环节，到太极了。完全不挨着，比划着，都端着，还自命各种路数招式，其实就是两个失去了多巴胺和力比多的家伙，要凭感觉把后戏拉到无限长，不如此不叫爱情啊。**爱情存在于陌生的刺激中，一旦不陌生，就是索然寡味的。**所以请原谅男人的变心和你的骚情，生理决定了心理，支撑你们相爱的东西在相扑后已然消失，太极阶段谁不想生龙活虎地回到从前？只可惜从前好回，旧人不行，得换人重启，爱情它是一段一段的。

每一场爱情都有推手、相扑、太极，只是因人而异，各段的时长不等，爱了、得到了，就是喜剧，分手也是喜剧，不然下一个爱情咋诞生。爱情串联没问题，但得一个个来，急啥，人生那么久，慢慢搞。当然，情多了就显无情。顺其自然，来者不拒，是菜就吃，不是菜就假装情操高尚，男人一般能做到这个，女人们就得加油了。最糟糕的是，睡前想征服，睡后算成本，脱裤子前只提爱情，脱裤子后琢磨百年好合。

爱情串联没问题，但得一个个来。

仅有态度还不够

曾做过这样一个网络调查："如果你目睹你的配偶或对象或情人跟异性在外亲密约会（公共场合，衣着整齐却明显神情不对），你当时会怎么做？之后还会有什么举措？"多数人都选择了非暴力方案：要么装看不见、回头再审 Ta；要么走过去质询，给自己的那位以警告，也给"疑似第三者"以压力；只有个别人表示要用武力解决此事，或打自己的 Ta 一顿，或把这一对狗男女都打一顿。

提醒各位，题目设置是目睹"他们在公开场所约会，貌似关系不正常"。"貌似"不等于"确定"，他们或许是久未见面的至交发小，或许是亲密无隙的合作伙伴，有些人际关系下是有与众不同的热烈神情或动作，但他们双方都未必想过上床，还有些人也就是蹭下暧昧的擦边球而已，你计较的这事有可能是错觉，也有可能是你不理解他们的心理环境，所以有个原则要掌握：不搞清对方是谁之前，先别忙着行动，哪怕是暗自忧伤，都得师出有名、确凿确切确定，不瞎煽情更不乱伤情,以免让小误会变成大遗憾。假如他们真"有一腿"、是不正常的男女关系,你也得有理智的态度来面对。当然,光有态度也不够,还需要合适的处置方法。

某顺很欣慰多数人都有冷静面对突发刺激的意识,只是某顺怀疑你们能否真正做到"大方地走过去打招呼",或"假装视而不见"。要知道涵养这事往往是和智商紧密联系的,若一个女人是逮着个男人就不撒手的主,她怎么可能在几乎是"现场捉奸"的情况下,还能镇定到和颜悦色地上前招呼,或当作什么事也没发生?若一个男人本来就是个暴烈的狭隘的认为女人贞操天大地大的主,他又怎么可能放弃当场收拾出墙女人,和痛揍抢他女人的其他雄性的机会?逻辑推理和现实案例共同告诉某顺,多数人在看见配偶爱人与他人约会时,很难做到心平气和地自己离开,更难做到事后不算账、不纠结。

但是,算账和纠结,对挽回即将或已然出轨的 Ta 一点用也没有,所以某顺更想让你认真地想:如何处置跟你心猿意马的那个 Ta?如何重建你对感情的信心?假装什么都没看见、什么也没发生,显然不能让你掩耳盗铃地苟且到最后,因为即便你这次出于种种目的不揭穿 Ta,等 Ta 和对方感情深厚了,Ta 也会和你摊牌、并跟你分手的,所以一味回避走到旋涡中心领受 Ta 无情的打击,只是一时的权宜之计,做鸵鸟也得老天成全呢;完全消极的态度、不管不问的策略,未必合适已经"堵到他们"的你。某顺以为,只要不是离开 Ta 就没饭吃了、就天塌地陷了,你还是要对这厮的"贼情花心"有所作为才好,不然 Ta 真以为你毫不介意 Ta 或根本奈何不了 Ta，那 Ta 也不会再尊重你、在乎你了。

目睹爱人情人恋人的猫腻，到底什么对策好，既表达得了你对这份感情的认真、对彼此操守的坚持，又能给双方留余地、不至于轻易葬送感情？有人很聪明，说"偷偷拍照，搜罗证据，看情节严重情况，斟酌处理"——这做法实在高，表面不动声色，私底下已经控制了外遇事件的走向和性质：若 Ta 只是偶尔为之或逢场作戏，你还真不用就此开除 Ta，毕竟谁都会有被外面的花花草草吸引去目光的时候，只要 Ta 能及时回位、安全善后，有些事就让它消亡在该消亡的地方吧，这也是情感婚姻长久保持的需要；但若是 Ta 屡犯且先百般抵赖后倒打一耙，甚至反说 Ta 出轨是因为你如何如何的，那就把证据摔在 Ta 脸上，尔后决然坚定地自己走人吧。一个狡辩的人、一个不知羞的人，你是改造不了也挽回不了的。

智商什么时候都用得到，尤其是在处理尴尬事件时，希望那些想通过热暴力冷暴力来解决配偶爱人出轨的人，都三思后行，不要让自己随便后悔，也不要让自己因此变成一个怨妇或怨夫。诚然，鉴于每个人的性格和处事能力，以及所面对的"外遇"性质程度的不同，某顺还是希望你们选择自己能驾驭的方式来处理，不管是默默走开、含泪自己消化，还是假装大方地上前给他们压力，以及先偷拍取证、尔后研究怎么痛击 Ta，这都要看你自己的能力了。总之，暴力手段是不能使用的。攻心为上，老祖宗这么说。

智商什么时候都用得到，尤其是在处理尴尬事件时。

那事不是便宜他

某顺以为中国传统文化里最可笑的一条是，多数女人和部分男人都认为：男女的床笫之欢，是便宜了男人、让女人吃了亏。

女人们普遍认为自己神圣不可侵犯，和哪个男人上床，哪个男人就占了她老大的便宜，他就该对她负责到底，这个负责甚至可能是一辈子。当女人把上床这件事看得太神圣的时候，指定不会有公允的认识。而有些男人也以睡了多少女人为豪，丝毫不考虑自己也被多少女人睡掉的现实，这样的男人往往和前面那些女人一样，容易被虚假的忠贞和虚假的繁荣蛊惑。床笫之欢在他们眼里就成了有象征意义的祭拜活动，规模越宏大越好，形式越隆重越好，要是能三拜九叩或普天同庆，那就更证明他们睡得其所、睡得必须。可最后人们还是不幸地发现，上床这事不是演给别人看的，犯不着非得寻求精神归属感和高潮合理化，睡了就睡了，就算上纲上线到为了人类的繁衍，也依然是两个器官的几分钟电击般的快感，如此，还能考究谁吃亏了么？我看当事人都爽，只有意淫的看客没爽，只能是他们吃亏了。

传统思维的女人不会认同我的观点，男权意识强悍的男人也不会认同我的观点。传统女人把"互睡"理解为"被睡"，强悍男人把"我被睡"理解为"被我睡"。有如此思想的女人们哼哼唧唧，男人们大大咧咧，他们犯着同样的病，都在强调"我想"而不是事实。

有人曾形象地比喻男女的床笫问题，说这是手指抠耳朵眼儿的事儿，**男人是手指，女人是耳朵眼儿，你说最后爽的是耳朵眼儿还是手指？**某顺写此句之前特意抠了下自家的耳朵眼儿，因此更确定我手指的爽主要来自有货没货的成就感，耳朵眼儿的舒适惬意却是实实在在的。纵使不紧缺工具的鼓捣，掏习惯的耳朵眼儿也是眷恋手指的。既然女人的生殖器等同于我们的耳朵眼儿，那么女人用男人那工具来掏自家的深井时，应该带着感谢工具的端正态度才是，哪能说你让我爽歪了所以你对不起我八辈祖宗了呢？当然，指尖不会有男人那工具敏感，男人在"掏耳朵眼儿"时也是很享受的，而不是一味付出。但介于生理基础的限制，男人的享受以 99% 的劳作 +1% 的高潮组成，女人的享受则可能是倒过来的。所以在床上，做女人的恣意要远胜于做男人，也所以得了便宜的女人不能再随便卖乖，胡说什么你的神器被男人享用了，其实是你享受了男人的祭祀呀。

良好的性关系，是彼此身心的眷恋……

良好的性关系，是彼此身心的眷恋，是器官和器官的配套，感情和感情的对等。若器官不配套，双方一块儿完成的事就可能变成一方受罪一方享乐，这样的性关系难以持久，这样的性关系所带来的精神依赖也难以维系，在 TA 有了对比之后，很容易弃旧从新。很多人说"搞不清配偶为什么要背叛"，其实搞不清的事往往是从床上开始，床上你让人家失意，床下人家让你失意，仅此而已。当然，若感情不对等，即便床上爽到双方都满意，床下的烦心事也会阻碍两个人再上床，因此，婚姻之所以成为很多男女的爱情坟墓，要怪他和她在婚前没彻底了解彼此。排除了人的多变性和本能求刺激之外，稳定的感情和稳定的伴侣，都需要两个人的彼此欣赏彼此眷恋做基础，没这个基础，就等于你求人用火柴棍帮你解决耳朵眼儿的瘙痒，深浅真是莫测的，后果也真是莫测的。但总之，上床之后，我们爽了我们就要感激让我们爽的人和我们自己。有欲望的人生，还是青翠的；有高潮的生活，还是快意的。

春宵一刻值几金

有位女性说:"其实电击那几分钟也不如传说中那么销魂,不过如此罢了。有些床笫之事也有男人爽、女人痛的。据说男人找女人是最爽的,生理上是,心理上也是。不过床笫之事,的确男人中有高有低,而且男人普遍自信心爆棚,都认为自己不错来着。我认为女人都很善良,世上最痛苦之事莫过于还在半山腰却装作已经到了峰顶。建议女人们还是多诚实比较好,以免男人自信过度、不思进取,而断了女人自己的性福之路。"

有些女人善于装高潮,男人还没动两下,她就哼哼唧唧叫个不停了。男人因此认为她很容易到高潮,也很容易满足,更很容易爱上他的"丁丁"——这后果不知道热衷用叫床来哄男人高兴的女人们想过没?若想过,那你就是挖坑埋自己咧。假如你别处吃很饱,这边胡乱应付一下他,那可以假装很爽而假叫,如若不然,你最好不到万不得已的最后那刻,千万咬紧了牙关、别轻易就哼唧,否则男人真有十分力也会给你藏起五分的。人家累断筋骨和动几下子的目的一样，还何必舍近求远呢。

假叫假爽，属床德不好，有糊弄的嫌疑，更有讨好男人的悲哀。一个女人的同情心过于大了，就会把男人的不敬业当成应该的，床下许他懒惰，床上许他自私，那这男人什么时候还能为你服务、拿你当宝？女人们要明白，你在床上越淫荡、要求越多、胃口越大，男人就越依恋你。因为**男人的战斗欲是生来有之的，很强烈很难克服，若他精疲力竭才勉强喂饱你，你认为他还有多少体力去拈花惹草？**要让他吃了上顿就不想下顿才是，而不是两分钟就结束战斗而后再找其他女人去挑战极限，害你自己一边自慰身体，一边自慰心灵，还一厢情愿地想：他就这水平，还有什么脸面出去搞？——拜托了，他搞你可能只有三分钟，搞其他女人八成半小时都下不来呢，为啥？笨蛋，外面的女人哪有你那么怜悯他的小身子骨啊。

真的，上床时就不要可怜他了，一个男人在床上都不肯卖力的话，在床下也不会多么善待你。就算他是你男人，就算他很忙很累很有压力，你也别心疼到连做爱都要替他算计耗能多少的地步。科学家早说了，做爱一次，男人消耗掉的能量仅等于爬一次六层楼，也就是说，只要他还能吃饭、还能爬楼，他就能够也应该让你真爽真叫。相信绝大多数健康亚健康的男人都能爬上六层楼，所以女人们就不要搞虚头巴脑的精神支持和床上扶贫了，叫你男人累趴在你身上，叫他体验到女人正常的性需求，叫他每次做爱前都跃跃欲试、每次做爱后都如卸重负，他才能紧张你：满足不了这婆娘，她会不会出墙啊？当你不再用谎言用假爽告诉男人你是多么安分多么容易满足时，他就会把对其他女人的注意力收回一些了，再乐意胡搞的男人也不会热爱绿帽子嘛。

除了安慰性的假叫，还有些女人是以为该叫就叫了，以为男人能在叫声里士气大振，也以为能叫的女人才有性魅力。诚然，男人听不见叫声，是有点挫折也有点郁闷，还可能因此而性趣顿减、草草收兵，但你要是个一碰就叽里呱啦乱叫的女人，甚至于还没全湿就叫声震天响的，男人也会认为你很有表演天赋，会怀疑你的性爱历史和诚信度。因此，用装敏感来证明你经历的男人少，不是万全之策，碰上机灵又见识多的男人，你装爽假叫，会让他倒胃口的。也因此，某顺还是那态度：做人要厚道，床上床下都别撒谎才是。从今儿起就勇敢地告诉他"我没饱，你很弱"，又能咋地？让他"知耻而后勇"，不是更好么？

一个男人在床上都不肯卖力的话，在床下也不会多么善待你。

择偶的首要条件

某顺做过一个"男女择偶条件"的调查，得出的结论是：男人择偶首先要求"顺眼"，女人择偶则是看男人对她有多好。此结论虽是小范围调查得出，但能昭示如今男女在择偶上的普遍性态度。

先说男人的"顺眼"原则。关于这一点，某顺以前就多次说过，男人看女人主要是"以色取人"。只是，个体差异决定了每个男人眼中的美人都不是同一个模型扣出来的，有的男人喜欢月牙眼、苹果脸、樱桃嘴的何洁，有的男人喜欢铃铛眼、尖下颌、大嘴唇的姚晨。口味不一，男人"顺眼"的对象也不一，因此女人不用为自己不是标准美人就愁嫁，喜欢你的他一定会出现的。世界这么大，口味差异大着呢，你且鼓起勇气继续等那个只认为你顺眼的男人吧。

"顺眼"就是合意，男人的择偶原则看似偏重外貌，**其实男人真是为自己内心负责的：人家要找看得上的女人，不跟看不上的女人**

瞎凑合。除非死活找不着一眼能看上的女人，人家才会退而求其次，去研究你的家庭、你的经济、你的能力、你的脾气等是不是值得他选你，最末了才可能研究到你美好的心灵。所以请女人们不要开口闭口自诩"我优雅、我贤良、我特别"，你有的，其他女人基本也有，你没有的那一条才是他最介意的，即：你没长出他想要的样子。

比之男人的"顺眼"原则，窃以为，女人"对我好"的原则有价值取向的问题。众所周知，男人追女人时，不管出于什么目的，只要他现阶段想要你，都会很卖力地对你好，先把你捧在手心里，否则他怎么感化你、得到你？因此，好多女人都碰到了悲催的"对我好"后遗症——丫对你好的时间总是那么短，短到你只要一扒裤子甚至一同意跟他交往，他就开始变脸了。他变脸的速度基本与你靠近他的速度持平，你越快投入，他越快变脸。若让他始终得不着你，他对你的好还能长久些，但这也不是绝对保险的，还要取决于他眼前有没有飘过顺他眼的其他女人……

又及，如果一个女人不知道自己需要什么样的男人，而是把"谁对我好，我就跟谁"当成婚恋方向，假如一个歪瓜裂枣，一个完全不能与你匹配、也根本不是你意中人的男人，他穷尽一切手段来追求你，主要表现是比你亲爹亲妈对你还要亲还要好，就算他能长久对你好，难道你就能跟他长久相好了？当你习惯了他对你的好、当你更多的生活欲求都是他带不来且还能被他破坏掉的时候，你能不怪他、嫌他、讨厌他、憎恶他吗？即使住在蜂蜜铸就的水牢里，又能畅快多久呢？某顺博客里出现过多少开头甜蜜得到处显摆、后面又抓狂失落到四处偷人的婆娘啊！

　　说到此，某顺的意思已经了然："顺眼"这个条件，在你没有老得惨不忍睹之前，基本是稳定的；而"对我好"却是一件大多数追你的男人都能做到的事，并且可能在追求成功后发生逆转。二者相比，男人的择偶条件显然要靠谱得多。所以，女人若把"对我好"当作唯一条件，那就等于宣布"谁看上我，我就跟谁"了，你说是不是犯傻？

他变脸的速度基本与你靠近他的速度持平。

携手未必是爱人

　　每年的情人节都是晾晒男女关系的大排档，有情人的这一天会情意绵绵，没情人的这一天会默然黯淡，人们从外面约会到屋里，从床下纠缠到床上，能表达的情意平时都已表达殆尽，情人节这天只剩昭示给外人看的伴侣剪影：谁跟谁能在一起过情人节，一般证明了他们的关系是可以公开的，或不用忌惮旁人眼光的。你也知道，有情人未必都能晾晒在阳光下，所以那些人前显摆的情人往往很自得，这年头你嘚瑟不了别的的时候，嘚瑟下名草有主，也会让人眼红——眼红你的是那些始终找不着情感归属的人。

　　在人际交往越来越现代、越简捷的今天，还存在为数不少的找不着情感归属的人，这的确是个不小的遗憾。错位和迟到，轻易地分开了怀揣柔情的人们。想爱，找不着可以爱的人，想要，要不到肯要你的人；一些人因此唏嘘，另一些人因此放纵；唏嘘的人借酒浇愁，放纵的人寻花觅柳，唯独被放下的真心，成了每人胸口的那颗朱砂痣，抹去多余，留着无聊。有时城内城外就一步之遥，由于曾经有个姓潘叫金莲的姑娘一竹竿打落了几条命，很多人都怕有同样不堪的下场，就愣是把硝镪水泼上自己想要的那人脸上，最后爱人模糊了，自己也迷蒙了。如此现实面前还过什么劳什子情人节，不过是安抚下身边适合展览的伴儿，顺便再向近处的觊觎者示下威吧。

即便情人节已然蜕化成这个样子，有情人的人还是会比没情人的人要兴奋一点点，无他，多个节日总是好的，沉闷生活需要降低G点，恋爱状态需要提高温度。我们假装很相爱或很缺爱，这都是必须的，人群中你蓦然回首的次数越多，越容易发现自己始终形单影只。每一次你都祈祷下一个回眸里有你爱的那张脸，每一次你都要失望地独自转身；有没有怆然你都会叹息，叹我们去哪里找爱我们的人。精神的世界里我们已经孤单了太久，身体的孤单就不要再有了，索性让肉欲带我们穿过俗世的繁华，一年一度情人派对，在年年有爱或无爱的梦中游行，倒也是个能忘却出发时之目的地的笨办法。

做伴儿的人好找，能长久相伴的人不好寻。**从学会爱到挥霍爱、再到珍惜爱渴望爱，人生有时就像大片加工场，上一个环节总得紧扣下一个环节，有一步乱了方寸，后面所有的内容就都拧巴了、不合时宜了。**在对的时候碰上对的人，这句话说来简单顺口，事实上操作太有难度。多数时候我们是在错的时候邂逅想要的那个人，天时、地利、人和都不存在的情况下，你只有把自己想象成专门来这世上体验磨难辛酸的。爱你在心口难开，才是多数人的情人节实况。乐

人群中你蓦然回首的次数越多，越容易发现自己始终形单影只。

观主义者说"我们总会找到爱我们的人",这是真的么?这又能够是真的么?悲观主义者明明只看见想要的人都在天边。那个冬天过去了很久,这个春天却迟迟不来,光有伴儿又有什么意思?没有情人又能怎么着?

同情不是下饭菜

一个女人要是忘了自己也是人，而只记得自己的性别，她会时刻纠结在"男人为什么不对我好？"的问题上。女性是有生理弱势，但本文不讨论那些人所共知的弱势，只探索女人该怎么看待自己，该怎么在男权社会里找到对自己最好的生存姿势。

国产女人像芭比娃娃，看上去柔弱，质地其实是橡皮的，特别扛糟、扛晾、扛辜负。你看小女娃手里的芭比，很少有一个是被主人抱了多年的，一般都是来了新的，旧的便束之高阁。小孩子对玩具的态度跟男人对女人的态度来自一样的天赋本性，就算前一个芭比再得之不易，后一个芭比出现时，小孩子还是会立刻丢了前一个，腾出手去抱后一个。男人也如此，叫男人一辈子守着一个女人卿卿我我，除非具备两个条件：一、他没机会再接触其他女人，二、眼前这女人捏死了他的命根。

女人不懂男人的喜新厌旧，就像芭比不懂主人的喜新厌旧。假如芭比有生命，指定会和女人们一样的哀怨、愤怒。幸好上帝让芭比只是一个玩具，静默在她不得不去的犄角旮旯，世界仅剩女人们在抱怨、申诉和妄想，少了一个聒噪的诉苦团，天地间相对安静很多。这里需要提示各位的是，**男人的花心本性，其实女人也有，只是来自生理弱势的自怜和传统教育的恐吓，共同使女人忘了或干脆不知自己的本性。**当然，只是一部分女人忘我了，另外一部分女人和男人一样机灵地消费着本性，从不亏待自己的本性，还有一部分女人则是假装忘我，她们擅长指责男人，把向男人要关爱当作女人的特权。

　　真忘我或假忘我的女人，都有相似的怨妇表现。她们婚前找对象时就开始抓狂，有没有姿色的，她都希望被男人宠着追着，若男人不给她这福利，她就怀恨在心，认定男人都是人头猪脑、下半身动物、势利小人；好不容易逮着个肯娶她的男人，婚礼前一天她都在犹豫不决：他家那么穷，他那么不会来事儿，他又没什么出息……可是不跟他又能跟谁呢？好男人都让狐狸精钓走了。她看到了男人所有的短处，还是不顾一切地跟男人结婚了，婚前什么都肯忍的她，婚后什么都不能忍了，这翻脸不认账的态度才令她的婚姻很快变形为碰碰车，在两个人都自甘堕落的硬磕碰中蹒跚前行。然后有人出轨了，一般是男的先出，女的报复性地后出，双方都出轨后的婚姻竟然相对稳定了，俨然彼此都需要带着歉意和狡黠去面对，不然就能憋窒息了——也只有到了此刻，怨妇的抱怨才能收敛些，大概是觉得自己能出轨也不算人生太失败吧。

女人的不幸，有时还真不是大环境或生理基础带来的。假如这个女人从懂事起就以为自己必得被男人照顾，从成人起就以为自己必得被男人重视，从婚前起就以为自己必得通过男人获得幸福……那她这辈子都完了。因为她一路不靠谱地走着，始终走在她想走又走不稳的独木桥上，这桥上从来都只有她自己，她却执拗地相信，随时可能出现一个赤诚护卫她的男人，因为，**每一个女人都当自己是下降到人间的天使，或至少是个不该被人群尤其是男人群遗忘的气质芭比**。于是乎，她嫁不出时，你得同情她，和她一起控诉男人的以貌取人、市侩庸俗；她嫁错人时，你也得同情她，和她一起唾骂男人的奸懒馋猾、厚颜无耻；她被离婚时，你还得同情她，和她一起嗟叹男人的无情无义、骚情下流；她改嫁困难时，你更得同情她，和她再来一遍控诉、唾骂、嗟叹。一次同情都不能少不说，你还得时刻表现出你浓郁的正义感和原则性，否则你少附和她一句对男人的深恶痛绝，她都会说你忘了立场，没了人味儿。

总以为男人欠她的女人有很多，某顺好不容易捞起一个，还是要某顺先同情了她再说其他的。同情有用么？你几十年如一日地如泣如诉，就算全天下人都同情你，又有啥用？看不上你的男人还是不娶你，不想跟你走一辈子的男人还是会中途跑掉，骗你的男人依然在骗你，辜负你的男人依然辜负你。如果你懂得幸福快乐是靠自己创造的，如果你不再幻想靠男人的心软或女人的同情来脱离苦海，你就有力量自己站起来了。对，你必须自己站起来，必须相信离开

必须相信离开男人的搀扶你也一样亭亭玉立。

男人的搀扶你也一样亭亭玉立。要是没有这个信心，你只能做祥林嫂的后任，走哪儿烦人到哪儿。当同情解决不了任何问题时，拜托你自个儿从泥沼或雪堆里爬出来吧，不然男人们看到的只是你顾腚不顾脸的悲催形象，他还怎么能对你产生从性欲到爱欲的各种感情呢？你想想，再想想吧。

男人爱说的假话

在一次关于"男人习惯说哪些假话？"的调查中，不管是微博跟帖还是电台短信，参与者几乎是清一色的女人，不见一个男的。可见，男人在遮丑藏拙方面要比女人机智得多，而且不用动员他们就能自动团成伙儿，互相打掩护，彼此挡挡箭。虽然没男人参与，但也不影响假话的收集，因为还有 N 多早已领略、洞悉了男人虚与委蛇面目的婆娘呢，她们把男人的惯常假话都翻出来了，晾晒并分析如下：

我不动你——这一般出现在男人骗你上床前。他说要和你"找个安静地方好好说话"，你不敢或不肯随他开房，他就会说"我不动你"，以使你放下警惕；等真进了屋，即便是强奸，将来你也说不清自己为何同意跟他开房了。当然，一般也不会有强奸发生，男人会用温暖的怀抱和猴急的爪子把你扎紧裤带的意志一点点瓦解掉的，环境催情啊。

你是我最爱的女人，也必将是我最后一个女人——这明明是一句漏洞百出的客套话，从字面上就能看出男人有过一个或有过一群"爱人"，你不过是他眼前搂着的其中一个罢了。一个总换女人的多情男人咋能轻信呢？可惜女人们"不求做第一，只当清场者"的宏伟志愿在这一刻战胜了理智。**女人就是特别爱信这样没法实践也没法监督的假话，她心里要的只是男人的示爱，越多越好，至于诺言能不能实现，女人们并不全在意。**

等哪天给你买个什么吧——为哄女人高兴，男人开始物质引诱了，而且是放空炮，其实他真想为你花钱，还用"等哪天"？现在买东西多方便啊，又不是物质匮乏时期，想买个啥还得托人搞票。

我永远爱你——谁都知道永远没多远，短的"永远"往往只有几个月，长的"永远"即便能维持多年，然而，一旦中途出现什么不可预期的意外，他没法跟你在一起了，就算他还爱你，这种永远对渴望相守相伴的你来说，又有什么用？"我永远爱你"哪赶得上"我要娶你"有劲道？

我一会儿就去，等我闲了就办——他要真想做，他立马就做了，根本不用等一会儿或等他闲了再说的，男人的推卸往往以拖延来实现。

我一定会离婚的——这话最可恶，经常把痴情女骗得晕头转向，你很快就发现，他不能离婚的理由竟然有无数个：没孩子的，会说他老婆和他爹妈相处融洽，或他欠老婆情，老婆又没错，所以他得慢慢找机会跟老婆摊牌，不能太伤老婆；有孩子的，孩子小时他说等孩子大点再说；孩子大了，他说等孩子上了大学再离；等孩子成人了走向社会了，他又会说"现在提离婚，影响孩子找对象"；等孩子结婚了，他还有词儿应付你，很堂皇地告诉你，他不能在孙子幼小的心灵上撒盐，甚至是他还要接送孙子上幼儿园……总之，肯为你离婚的男人，在和你好上的那一刻起就开始离婚行动了，不肯为你离婚的男人，会让你等到他老婆自然死亡或意外病故后才给你继位机会。

我会对你负责的——真打算对你负责的男人，不会轻易表这个态，说这话的男人八成是要你明白：我会让你因为跟我而有点儿收获的。这收获有时是物质报酬，有时仅仅是精液。很多爷们儿真的认为，他给女人的最好礼物就是精液，十滴血一滴精哪！女人你收的是我的血，这么贵重的礼物你还嫌不好？精液能让你永葆青春呢，买都买不来的保健佳品呢……可惜的是，多数女人更乐意收看得见摸得着的礼物。

我最近很忙——说忙的男人，有真忙的，但多数是懒得抽空应付你。某顺讲过 N 百次了，他再忙，只要他喜欢你，就算上厕所的工夫他也会跟你通个电话的。一般忙到不再主动电话、短信你的男人，甚至是你的约会请求他也"抽空再说"的，这等男人都是有性伴侣且喜欢对方远胜于喜欢你的。你已经做了备胎，再不自己走人，就成了没皮没脸的傻婆娘啦。

我和她真没什么——女人要相信直觉，一般你怀疑男人跟哪个女人好时，就算是他们还没上床，他们至少也是所谓的"第四者感情"了，他们老是聚会、老是饭局、老是聊天，早晚能聚到床上去，直到彼此的身体聊出电光火石来。男人说"我和她真没什么"，你可以当"他们以后一定会有什么"来处理，是阻断他们继续眉来眼去，还是冷眼旁观他们的进展，要看你对他、对你们之间关系的态度。其实你完全可以假装不在乎他们有什么，只要你也发展个男闺蜜，早晚你也能让你男人知道啥叫心如刀割。

是她勾引我——一般听到这句话，你都可以认定是他死乞白赖地追人家了，而且你也该抛弃他了。因为，一个敢担当、有尊严的男人，不会在这种时候把跟他好过的女人抛出来任你鞭笞，只有无耻下贱男才会出卖女人，让女人替他顶罪、代他背黑锅。这种男人很爱四处抖骚，向自家女人求饶时一般还会加上一句"男人嘛"……管不住自家男人却幻想灭掉世上所有女人的蠢婆娘总是屡见不鲜，她们最大的特点是护犊子，并把这渣男当最爱的老儿子养了，无数次容忍他、原谅他的结果就是，他继续偷、继续厚颜无耻地骗她。

除了你，我对谁都没这样过——这话绝对要质疑，因为他和其他女人相好时，你并没现场观摩过，除了他说、他亲友说外，再没任何渠道能证明你享受了他给予你的特殊待遇。**他对你什么样，对**

其他女人应该也差不多，所以，与其信你自己是他的绝无仅有，不如当他对哪个女人都如此低眉顺眼。 不当自己是他唯一的那盘菜，你就能怡然享受他对你的好了，哪里用得着对他感恩戴德，他又不是就你一个女人。

我是为这个家在外应酬的——胡扯，男人玩儿野了，不想回家了，就会制造 N 多出去应酬的借口。关于这一点，男人都心知肚明，但就是改不了装事业成功男的嗜好。

我离不开你——男人说这句话，其实是在告诉你，他只是离不开女人。你大可不必为这句话自作多情，还是该睡就继续睡他，等你睡厌了，他离不离得开你，随他，你该走人时就得及时走了，不然等他下一个睡伴儿出现，他会很坚毅地告诉你：我对你没有爱的感觉，我一直都是拿你当亲人的，我不能睡我的亲人啊……

男人的假话有很多，但出现频率最高的就是上面这些了。新浪男网友非罪同学说："男人在意的女人不爱听什么，他就不会说什么。因为不能说，只能说女人听了高兴或至少是女人听了不会生气的。"貌似男人的假话还都是被女人逼出来的，这是真的吗？通过上面的假话榜，我们发现，男人撒谎未必都是女人逼的，多数谎言是男人自己的伪饰，假装他还是女人期待和信任的那个好爷们儿，不管女人是不是需要他捂着盖着装着，男人认为有些事利于他们高大的形象时，他们就努力捂着盖着装着。

最后，某顺还不得不十分狼狈地承认：上面列举的男人常说的这些假话，尽管对女人危害极大，却又十发九中，女人很容易轻信。原因也简单：因为男人说这话时也有可能是真诚的。如果你听到这些话就武断地认定男人在骗你，那么你也有可能错过一个真心爱你的好男人。所以，某顺很难提供一个通用的辨别公式，让女人们既不受骗又不错过真诚男人，然而，某顺仍有八分把握告诫女人们：对这些话，姑妄听之。

男人撒谎未必都是女人逼的，多数谎言是男人自己的伪饰。

女人使男人更坏

本篇原拟的题目是"女人使男人变坏"，但想到人性本恶，男人如果坏，也是坏在本性上，既然是本性坏，那就不存在女人使之变坏的问题，男人倒是有可能因女人变得更坏。因为，男人在征服女人的路途上，从开始的蒙昧到后来的老辣，显然是经历让他们渐渐成熟的，而这个成熟过程显然也离不开女人的敦化、锤炼，所以题目改成目前这个，似乎更合乎逻辑。

某顺作为读者公认的自己却不肯承认的女权分子，对"女人使男人更坏"的说法甚为满意，它至少能阐明在男女的世界里，没有真正的、完全的弱者吧？俗念里的男女关系，都是男人主导女人，女人被男人玩弄，这样的认识由来已久，能上溯到好几千年前，尤其是妇女为养育子女而不得不长久地待在家里，由此成了所谓被保护动物后，就形成了在男女关系中女人再嚣张也是弱者、也要被舆论轻饶或同情的传统环境。大体上男强女弱的外在表现形式，掩盖了真正左右男女关系的事实，而这个事实，恐怕是多数人不想看见或不忍说出的。

多数女人生了儿子，从儿子呱呱落地的那天起，就开始幻想他将来顶天立地、是个有作为的男子汉，而且传统风俗也让本身反对重男轻女的女人都不由自主地重男轻女。她们替儿子做很多事，用行为灌输给儿子"你是男人，你要做大事、成有用之才"的思想，打小就自私就不顾女人的男人多数是这么培养出来的。生了儿子的女人往往在和自己婆家的相处中，还有不可自抑的功臣感，尤其是那些诞出单传儿孙的女人更牛，就算离了婚她也能挟儿子以令前公婆的本事（少数特别没人味儿也缺子嗣观念的前公婆除外），因为生了儿子就居功自傲的女人有很多，她们这种骄傲之气会自然传递给儿子一个信息：我是男的，我很重要。重男轻女思想就这么源远流长了。

等男人进入青春期、开始早恋了，作为妈妈的女人很少操心儿子的贞操啥时完蛋，只会担心儿子别搞大人家闺女的肚子，别为此事祸害了自己的大好前程。生儿生女在这一时期尤其地位悬殊，此时起，养儿的女人已不再是慈母的完美形象了，她同时还具备了仗势欺人的婆妈素质——"仗势欺人"这词儿用在此处极为合适，若去势，男人的妈和女人的妈就平等了，但因为"势"乃天生存在，男人的妈从男人第一次恋爱起，便容易出现"与我儿何干"的自大样儿，她很容易就忘了想当年她是怎么处心积虑使男人为睡她买单的。

出生时和女娃一样可爱的男人，一点点被成年女人教坏，前期是他的母亲，后期是他的女人。到正经婚恋期了，男人尚年轻，"毛都没长全"的他怎么可能一出社会就有钱、有房、有车？可妞们从小被"找个好男人，有个好生活"的思想污染，她们看不上又穷又没资历的同龄男，她们去大她们很多的老男人那里找稳定、找依托，把同龄穷小子甩在一边。结果呢，等同龄男终于混出名堂也一把岁数时，就根本不扫一眼已成黄花败柳的她们了……一是因为记仇，二是因为男人们被小一轮甚至二轮三轮的小姑娘给包围了。世道是怎么变坏的，男人是怎么变坏的，我们看得见却不好意思说。有人说"男人有钱就变坏"，某顺说"男人有钱不变坏是智障"。婚恋关系中的女人都这么赤裸裸地膜拜物质，男人则先被他妈灌输了"我是男人我重要"，又被其他女人灌输了"我可以花大钱买美女"，他再不用钱来解决不是他妈的女人，那他不是智障又是什么？

　　一般女人会羞愧自己成为钱能买到的物件，但又急于盼望自己被男人高价收买。自估价值和社会价值有时差距甚远，这使得"卖不出好价钱"的一些女人抑郁不已。缺什么就向往什么，她们一边痛恨男人色欲熏心，寻找各种机会打击男人的下半身追求，一边可劲儿地从内到外捯饬自己，为勾起目标男人的下半身冲动而努力奋斗。可惜此时男人们已然被几茬女人锤炼成粘上毛就是猴子的妖孽了，除了没钱能让他们辗转反侧，女人问题早已不是成熟老爷们忧患的内容。人富余什么就不在意什么。

有人说"男人有钱就变坏",某顺说"男人有钱不变坏是智障"。

恨男人的女人此时也未必明白，男人们变得如此出溜滑、如此不仁爱，全是女人自己的功劳。倘使我们的母子关系打头起就正常，没有"生儿光荣"的下意识；倘使我们的家庭教育打头起就男女平等，没有"男人至尊"的蠢念头；倘使我们的婚恋观打头起就摒弃物质决定论，没有"男人给女人美好生活"的一厢情愿；倘使我们的性爱目的打头起就是两情相悦彼此需要，而非结婚生娃过日子——女人你自己说，你还会被男人气着么？如今男人们这伸不展竖不起的糗样子，难道不是女人自己的功劳么？男人本来就非善类，如今被女人训导得更坏了，真是呜呼哀哉。

图书在版编目（CIP）数据

我和世界爱着你 ／ 某顺著. —北京：北京联合出版公司，2016.7

ISBN 978−7−5502−7930−8

Ⅰ.①我… Ⅱ.①某… Ⅲ.①婚姻−文集②恋爱−文集 Ⅳ.①C913.1−53

中国版本图书馆CIP数据核字（2016）第138030号

我和世界爱着你

作　　者：某　顺
责任编辑：牛炜征
特约编辑：赵　瑜
封面设计：
版式设计：文明娟

北京联合出版公司出版
（北京市西城区德外大街83号楼9层　　　　100088）
北京旭丰源印刷技术有限公司　　新华书店经销
字数155千字　　　960毫米×640毫米　1/16　　印张16.5
2016年7月第1版　　2016年7月第2次印刷
ISBN 978−7−5502−7930−8
定价：32.80元